고고학을 통해 본 아라가야와 주변제국

고고학을 통해 본 아라가야와 주변제국

2013년 7월 20일 초판 1쇄 인쇄
2013년 7월 26일 초판 1쇄 발행

엮은이 | 경남발전연구원 역사문화센터
펴낸이 | 권혁재
편　집 | 조혜진

펴 낸 곳 | 학연문화사
출판등록 | 1988년 2월 26일 제 2-501호
주　　소 | 서울특별시 금천구 가산동 371-28 우림라이온스밸리 B동 712호
전　　화 | 02-2026-0541~4
팩　　스 | 02-2026-0547
이 메 일 | hak7891@chol.com
홈페이지 | www.hakyoun.co.kr

ISBN 978-89-5508-300-2 93910

ⓒ 경남발전연구원 역사문화센터, 2013

책값은 뒤표지에 있습니다.
잘못된 책은 바꾸어 드립니다.

고고학을 통해 본 아라가야와 주변제국

경남발전연구원 역사문화센터 엮음

학연문화사

● 발간사

"고고학을 통해 본 아라가야와 주변제국"은 2012년 11월 29일에 본 연구원 역사문화센터와 고분문화연구회가 공동으로 추진한 학술대회의 결과를 정리하여 한권의 책으로 발간한 것입니다. 이 학술대회에서는 고대 아라가야 고고학의 연구성과를 점검하고 금관가야와 대가야, 백제 그리고 바다 건너 왜 등 주변제국과의 교류관계를 살펴보았습니다.

아라가야는 삼국사기를 비롯하여 삼국유사, 광개토대왕비문, 일본서기 등 많은 역사서에 기록되어 있듯이 삼한시기에는 안야국으로 김해의 구야국과 함께 한반도 남부지역의 주요한 국으로 성장하였으며, 4세기 이후의 가야시기에는 가야 남부지역의 중심국으로 가야 북부지역에 위치한 대가야와 함께 후기가야의 맹주로 활약하며 패자로 군림하였습니다.

경남발전연구원 역사문화센터가 자리하고 있는 함안은 아라가야의 중심지였습니다. 함안에는 대규모의 봉토를 가진 고총고분이 다수 만들어져 있는 말이산고분군과 왕궁지, 산성, 토기가마 등이 잘 남아 있으며, 또한 아라가야 특유의 유물들이 많이 출토되고 있습니다. 아라가야만의 독특한 유물들은 바다 건너 일본열도까지 전해져 그들의 고대문화를 발전시키는 원동력이 되기도 했습니다.

역사는 당시의 사람들에 의해 이루어지지만, 해석과 실체에 근거한 역사의 정립은 현재 사람들의 몫이라는 생각이 듭니다. 아라가야의 역사를 정립하기 위해 많은 연구자들이 모여 하나의 결과물을 발간하게 되어 매우 기쁘게 생각합니다. 이 한 권의 책으로 아라가야의 모든 것들을 얘기할 수는 없겠지만, 기존의 연구성과에서 한 걸음 더 나아간 새로운 인식의 계기가 될 것으로 생각합니다.

이 책이 나오기까지 수고해주신 본 연구원 역사문화센터 연구원들의 묵묵한 헌신과 노고에 감사드리며, 물심양면으로 지원해주신 함안군수님과 함안군 관계자분들, 그리고 어려운 작업에도 노고를 아끼지 않으신 학연문화사 관계자분들에게도 다시 한 번 감사를 드립니다.

2013년 6월
경남발전연구원 원장 김정권

● 차 례

발간사 ·· 4

阿羅加耶의 考古學 / 趙榮濟 ·· 7

阿羅伽耶의 古墳 / 김형곤 ··· 19

아라가야의 고총고분 축조방식 / 박상언 ··················· 43

阿羅加耶와 大加耶 / 박천수 ·· 67

아라가야와 마한·백제 / 이동희 ································· 91

고고자료를 통해 본 아라가야와 왜의 교류 / 하승철 ···· 127

4세기의 아라가야와 금관가야 / 홍보식 ···················· 165

阿羅加耶의 考古學

趙榮濟(慶尙大學校)

1. 槪觀

　　함안지역에 있었던 가야의 소국은 安羅國 또는 阿羅加耶이며, 제가야 중 문헌기록이나 고고자료가 비교적 풍부하게 남아있으므로 그 실체가 분명한 가야소국이다. 이 가야소국은 앞 시기의 보다 작은 정치체였던 安邪國이 성장 발전하여 등장하였다는 것은 대부분의 문헌사학자들이 주장하는 바이다.

　　함안지역은 南高北低의 분지형 지형으로 남강과 낙동강이 북서쪽에서 자연적 경계를 이루며, 남동쪽으로는 해발 600m 전후의 높은 산들에 의해 외부로부터 보호되며, 산간의 谷底平地를 이용한 식량자원의 생산은 안전한 문화적 생활을 영위할 수 있는 기초를 이루었다. 또 남쪽으로는 진동만에서 마산만에 이어지는 남해 바다와 연접해 있어 풍부한 해산자원과 외래의 선진문화를 쉽게 흡수함과 동시에 독자적인 대외교섭 창구의 확보라는 천연적인 자연환경을 갖추고 있으므로 다른 加耶諸國 보다 지역단위의 정치적 성장에 상대적으로 유리한 여건을 갖추고 있었던 것으로 보인다.

　　함안지역에 대한 고고학적 조사는 日帝時代인 1917년 10월경 수西龍에 의해 말이산 5호분과 34호분에 대한 발굴조사에 의해 시작되고, 해방 이후에는 국립창원문화재연구소를 필두로 경상대, 창원대 박물관, 경남발전연구원 역사문화센타, 경남고고학연구소, 동아세아문화재연구원, 경상문화재연구원 등 많은 기관에 의해 아라가야의 중심고분군인 도항리 말산리고분군을 비롯하여 인근의 윤외리, 황사리분묘군 등 무덤 중심의 발굴조사가 집중적으로 이루어졌다.

한편 이러한 무덤 이외에도 경남문화재연구원에 의한 장명 토기가마, 국립김해박물관에 의한 우거리 토기가마의 조사는 고분중심의 가야고고학 연구에 새로운 기운을 불어 넣었으며, 아라가야의 都城을 찾기 위한 노력의 일환으로 이루어진 국립창원문화재연구소의 성산산성 발굴조사는 비록 이 성이 신라에 의해 쌓여진 성임이 밝혀짐으로서 본래의 목적을 달성할 수는 없었으나 성내 저습지에서 출토된 300여점이 넘는 木簡의 존재는 성산산성의 축성 방식은 물론 신라의 지방제도를 밝히는 일급의 자료가 됨으로서 望外의 성과를 거두었다.

2. 成果

다양한 형태의 발굴조사에서 출토된 유물을 통해 아라가야 고고학이 거둔 성과는 아라가야식 토기의 실체 파악, 아라가야식 殉葬, 아라가야식 석곽묘 구조(龕室), 아라가야식 儀器(鳥形裝 鐵板儀器)의 파악 등으로 요약할 수 있다. 그러나 이처럼 많은 성과를 거두었음에도 불구하고 잘 이해되지 않거나 새롭게 밝혀야 할 부분도 많다.

안라국 또는 아라가야의 출발은 三國志 東夷傳에 기록된 안야국의 실체를 밝히는 것에서 출발하지 않으면 안된다.

지금까지 영남지역 고고학이 거둔 성과 중 하나는 삼국지 동이전의 세계를 밝히는 고고자료가 와질토기 문화임을 확인한 것이다. 따라서 안야국의 실체를 밝히기 위한 작업 역시 이 지역의 와질토기 문화에 대한 검토에서 출발하지 않으면 안된다.

영남의 와질토기 문화는 기원전 1세기경부터 2세기 중엽까지 木棺墓와 고식 와질토기를 중심으로 한 전기와 2세기 후반에서 3세기 말까지 木槨墓와 신식 와질토기로 대표되는 후기로 나뉘어진다. 특히 후기 와질토기 문화는 목곽의 사용에 의한 무덤의 대규모화와 철제 무기의 개인집중화 현상 등 이전과는 차별화된 현상, 즉 정치적 권력자의 등장과 이를 바탕으로 한 고분의 출현이라는 주목할만한 현상을 만들어내고 있어서 주목된다.

함안지역의 와질토기 문화는 도항리 말산리고분군에서만 확인되고 있다. 이곳에서 확인된 와질토기 단계의 유구는 모두 소형 목관묘들이며, 유물은 조합우각형 파수부 장경호, 주머니호, 단경호 등과 함께 도끼, 창, 화살촉 등 극히 단순한 조합에 수량은 소수이다. 이 단계의 인근 다호리유적과 비교해 보면 銅鏡을 비롯하여 철제의 많은 유물들이 부장되지 않았음을 알 수 있다.

이러한 전기 와질토기 문화는 곧 이어서 대형의 목곽묘가 축조되고 다량의 철제품의 부장과 함께 신식의 와질토기, 즉 노형토기나 대부장경호 등이 부장된 후기 와질토기 문화로 이행한다. 그러나 함안지역에는 아직까지 이 단계에 속하는 확실한 목곽묘가 조사된 바 없다. 다만 유물에 있어서 도항리 10호분 봉토 내 출토 2점의 와질 노형토기(보고서 도면 32-159, 160)가 보고된 바 있으나 이 유물들의 소속 유구는 전혀 확인된 바 없다. 따라서 함안지역에 있어서 후기 와질토기 단계의 문화내용은 전혀 불명인 상태로 남아있다.

와질토기 문화에 이어서 등장하는 것은 말할 것도 없이 도질토기 문화다. 특히 함안지역을 중심으로 확인되고 있는 독특한 토기문화, 즉 4세기대의 도질토기 문화를 우리는 고식 도질토기로 파악하고 있다. 이 토기문화는 김해 부산지역의 이른바 외절구연 고배와 파수부 노형기대와는 확연히 구별되는 문화로서 범 영남적인 성격의 토기문화이며, 이후 신라 가야토기의 원형으로서 주목되는 토기문화이다.

고식 도질토기 문화는 이른바 공자형 고배와 무파수 노형기대를 표지로 하는 것으로서 여기에 파수부 배나 (양이부)단경호, 연질의 삼뉴옹 등이 추가되는 지극히 단순한 토기문화이며, 무덤은 소형의 목곽묘가 축조된다. 함안지역에서 이 시기의 중심 유적은 아직 확인되지 않았으며, 도항리 말산리 유적 뿐만 아니라 황사리, 윤외리 등 함안 지역과 남강 맞은편의 의령 예둔리, 진주 사봉유적(금년 여름 동서문화재연구원 조사) 등지에서 확인된다. 철기는 화살촉과 도끼, 창 등 단순하며, 한 무덤에 다량으로 부장되는 예가 없다.

이 시기에 축조된 목곽묘는 모두 목곽의 충전에 돌을 사용하거나 바닥에 棺床시설을 하지 않고, 유물에 있어서도 갑주나 마구, 대도, 금공품 등 이른바 위신재가 전혀 부장되지 않는 형태의 것들이다. 다만 규모에 있어서 도항리 2호분의 목곽의 평면적이 7.2㎡에 달할 정도로 대형의 것이 만들어지고 있어서 주목된다. 그러나 비록 심하게 도굴의 피해를 입었지만 다소 대형에 속하는 도항리 2호 목곽묘에서도 8점의 토기(4점의 개와 3점의 단경호, 1점의 노형기대)와 1점의 주조철부만이 발견됨으로서 이 무덤을 근거로 아라가야와 같은 어떤 정치체의 존재를 상정하기는 어려운 실정이다.

그러나 5세기가 되면 양상은 일변한다.

즉, 4세기대까지 목곽묘가 집중적으로 축조되던 황사리나 예둔리에 더 이상 목곽묘가 축조되지 않음에 비해 도항리고분군에 집중적으로 목곽묘가 축조된다. 뿐만 아니라 중 소형이면서 바닥이나 충전토에 돌을 전혀 사용하지 않은 순수 목곽묘 이외에도 (초)대형이면서 바닥에 礫床을 설치하고 여기에 갑주나 마구, 대도 등 최고의 위신재를 부장한 유구가 만들어진다. 이처럼 (초)대형이면서 바닥에 역상과 같은 구조물을 설치하고 갑주 등 다량의 위신재를 부장했다는 것은 이러한 유구의 피장자가 최고 위계의 소지자, 즉 王이나 王族 또는 貴族들이었음을 보여주는 것이며, 이는 이 시기 이 지역의 정치체, 즉 안라국 또는 아라가야의 존재를 보여주는 고고자료라고 생각된다.

또한 도항리 〈문〉3, 10, 20, 27, 43, 48호분 등에서는 역상 위에 자갈돌을 이용하여 1단 높게 棺床을 마련하고 이 부분을 감싸듯이 꺾쇠 또는 관정이 분포하기 때문에 별도의 목관을 여기에 안치했을 가능성이 있다.

유구 뿐만 아니라 유물에 있어서도 커다란 변화가 나타난다.

먼저 토기를 보면 고식 도질토기를 대신하여 고배의 대각에 stamp문이나 투공이 뚫려있거나 일단 장방형투창, 이단 교호투창, 삼각형투창, 삼각형 교호투창, 삼각형+원공, 삼각형+방원형 투창, 삼각형+세장방형투창, 세장방형+종타원형투창, 화염형투창 등 다양한 형태의 투창이 만들어진 고배들이 발견되고 있다.

이처럼 다양한 크기와 형태를 보여주는 고배 중 함안지역에서 지속적으로 발견되는 것은 화염형투창과 이단일렬 장방형투창 고배뿐이며, 나머지 형태의 것들은 이 시기에만 잠깐 나타날 뿐 곧 사라지고 이후에 계승되지 않는다. 필자는 이러한 토기문화(고배와 장경호, 발형기대)를 형식난립기의 토기문화로 파악하고 있으며, 이러한 토기문화가 나타난 배경에는 400년 廣開土大王의 南征으로 인해 야기된 영남지역의 정세 혼동이 토기문화에 반영된 것으로 파악하고 있다.

금속유물에 있어서도 앞 시기와는 격단의 차이가 나타난다. 그것은 갑주와 마구, 장식대도, 금공품 등이 새롭게 부장되기 시작했는데, 마구 전공자의 연구에 의하면 鮮卑나 高句麗 馬具가 김해지역에 전달되고 그곳에서 다소 변화 발전된 형식의 것들이 다시 이 지역에 들어온 것으로 파악되고 있다.

　5세기 후반이 되면 도항리 9호분을 제외하면 이 지역에서는 더 이상 목곽묘가 축조되지 않는다. 대신 수혈식석곽묘가 축조됨과 동시에 거대한 봉분을 가진 이른바 고총고분이 축조된다.
　도항리 말산리고분군의 수혈식석곽묘는 넓은 묘광에 비해 내부 주체인 석곽은 세장하다. 이를테면 목곽묘와 석곽묘의 묘광은 장폭비 2:1 4:1 사이에 분포하고 있다. 그러나 목곽은 장폭비 2:1 4:1 사이에 분포하지만 석곽은 4:1 이상으로 아주 세장해지고 있다. 그리고 바닥에는 목곽묘나 석곽묘를 막론하고 모두 자갈을 한 벌 깐 위에 목관이 안치되는 범위에 횡타원형으로 2 3단의 자갈을 한 벌 더 깔아서 棺床을 만든 아주 특이한 모습을 보여준다. 유물의 부장 역시 목곽묘나 수혈식석곽묘 모두 머리 위쪽이나 발치쪽 양쪽에 토기들을 부장하고 있는 것이 주목된다.
　이처럼 도항리 말산리고분군에서 확인되는 목곽묘와 수혈식석곽묘와의 관계는 묘광의 장폭비에서 바닥시설, 유물의 부장위치 등에서는 공통적이며, 내부주체의 장폭비에서 목곽묘에 비해 석곽묘가 훨씬 세장해지고 있는 것에서 차이가 나타난다. 이와 같이 석곽묘의 묘광이 목곽묘의 묘광과 거의 같은 장폭비임에 비해 석곽만 세장해졌다면 석곽묘의 묘광과 석곽 사이의 공간이 넓다는 것을 의미하는 것이며, 이러한 현상은 유구의 바닥시설과 유물의 부장위치 등 이 지역 집단이 가지고 있던 목곽묘의 축조전통 위에 구조적으로 세장할 수밖에 없는 수혈식석곽묘의 축조개념이 유입됨으로서 비롯된 것으로 생각된다.
　유물상의 변화에서 먼저 눈에 띄는 것은 앞 시기 목곽묘의 형식난립기 토기들에 비해 기종 구성이 대단히 단순해진다. 즉 고배는 유 무개식의 이

단일렬 투창고배와 무개식 화염형 투창, 삼각형 투창고배들이 집중적으로 발견된다. 이 중 유 무개식의 이단일렬 투창고배와 무개식 화염형 투창고배는「咸安式 土器」로 알려진 고배로서 이 지역의 정체성이 뚜렷이 부각되는 토기들이다. 이러한 고배 이외에도 목곽묘에서 출토된 것과 같은 컵형토기, 광구소호, 단경호, 발형기대 등과 함께 玲杯, 車輪形 토기, 燈盞形 토기 등의 이형토기와 수평구연호가 새로운 기종으로 추가되고 있는 정도이다.

이처럼 수혈식석곽묘에서 출토되는 토기들은 새롭게 추가된 몇몇 기종을 제외하면 앞 시기의 목곽묘 단계에서 다양하게 존재했던 것 중의 일부가 계승된 것들임을 알 수 있다.

금속유물은 목곽묘에서 출토된 것과 대동소이한 것들이 발견되는데 여기에 성시구나 장식마구 등이 추가되는 정도이다.

이상과 같이 토기문화가 단순한 점과 거대한 봉분을 가진 수혈식석곽묘의 축조와 갑주, 마구, 금공품 등 위신재의 부장 등과 함께 고려해 볼 때 이 시기의 안라국 또는 아라가야가 매우 안정적이면서 정체성을 뚜렷하게 보여 준 시기임과 동시에 아라가야 역사의 최극성기를 연출했던 것으로 생각된다.

6세기가 되면 수혈식석곽묘와 함께 전혀 새로운 횡혈식석실묘가 축조되기 시작한다. 이 횡혈식석실묘는 말이산고분군의 북쪽 구릉지에 주로 분포하고 있는데, 지금까지의 조사에 의하면 평면이 장방형이고 연도가 단벽의 중앙에 위치한 兩袖型이며, 礫床 또는 낮은 판석상의 棺臺를 갖춘 것들로서 洪潽植의 中洞里 4號型에 속한다. 이러한 석실의 형태는 함께 발견된 금 은 장식의 棺釘과 함께 백제에 그 기원이 있음을 알 수 있다.

이 시기 발견된 토기는 대각이 현저하게 낮아지면서 하방이 다소 부풀어 오른 이른바 깔떼기형 대각을 가진 고배들이 주류를 이루며, 화염형투창 고배는 극도로 퇴화하여 투창이 아니라 선과 점으로만 표현되는 것들도 나타난다.

3. 課題

■ 안야국, 안라국 성립에 관한 기록과 이를 증명해주는 고고자료의 부재와 해석?

安邪國; 안야국이라는 명칭이 삼국지 위지 동이전에 기록되어 있기 때문에 이 정치체는 기원 후 2세기 후반 이후에 존재했음을 알 수 있다. 만약 함안지역에 안야국이 있었다면 삼국지 위지 동이전의 기록이 대게 2세기 후반 이후의 기록으로 평가되고 있기 때문에 이 시기에 해당되는 영남지역의 고고학적인 자료는 후기 와질토기 문화단계의 것들이다. 따라서 함안지역에 이에 상응하는 유적과 유물이 발견되어야 자연스럽다. 그러나 지금까지의 조사에서 함안지역에는 전기 와질토기 문화만 존재하고 후기 와질토기 단계의 구체적인 유구나 유적은 확인되지 않는다. 무엇을 가지고 안야국의 실체를 밝힐 것인가?

이점에 대하여 어떤 연구자는 후기 와질토기의 대규모적인 유적이 지금의 가야읍이 아니라 인근의 군북면 지역에 있을 가능성을 타진하고 있다. 백번 양보하여 그러한 유구가 군북지역에 있다 하더라도 그 이후인 4, 5세기대에 중심고분군이 군북면에서 가야읍(상당히 먼 거리)으로 이동할 수밖에 없었던 상황이 설명되어져야 한다. 이것이 가능한가?

安羅國 또는 阿羅加耶; 삼국지 위지 동이전 기록 이후인 4세기대 이후 이 지역에 존재했던 가야 정치체를 의미한다. 그렇다면 고고학적으로 볼

때 4세기대와 그 이후 강력한 가야소국의 실체를 보여 줄 거대한 고분이 발견되어야 할 것이다. 그런데 4세기대의 실상은 전혀 그렇지 않다. 4세기대, 즉 고식 도질토기 단계의 함안일대에서 발견되는 유구는 전부 소형 목곽묘들 뿐이며, 여기에서 발견되는 유물 또한 몇 점의 토기와 화살촉, 도끼, 낫 등의 철기들뿐이고 소위 당시의 정치체의 중핵을 이루는 지배집단의 전유물들인 갑주나 마구, 금공품 등은 전혀 보이지 않는다. 도대체 어떤 고고자료를 가지고 안라국의 성립을 이야기 할 것인가?

다른 한편으로는 陶邑産 土器의 확산과정이 畿內政權의 일본열도 통일과정으로 파악하고 있는 일본학계의 예와 같이 고식 도질토기 생산가마(장명, 우거리 토기가마)의 조사와 그곳에서 확인된 토기(고식 도질토기)의 광역분포가 곧 이를 가능케한 정치체가 있었고, 그것이 4세기대의 안라국 또는 아라가야라는 인식이 있다. 그러나 이점에 있어서도 단순한 생산, 유통의 문제이지 고식 도질토기의 광역 분포가 반드시 그에 상응하는 강력한 정치체-안라국의 존재를 의미하는 것은 아닐 것이라는 견해도 있다. 무엇보다도 이를 뒷받침할만한 대형 목곽묘들이 없다는데 근본적인 취약점이 있다.

또한 5세기대의 함안식 토기문화와 조형장 철판의기는 지극히 한정적인 분포범위를 보여주고 있으며, 이러한 현상을 근거로 안라국은 함안분지라는 극히 한정적인 범위에 국한된 자기 완결적인 정치체로 이해하고 있다. 일반적으로 어떤 집단이 정체성을 확립하고 발전함에 따라서 고고자료는 좁은 범위에서 넓은 범위로 그 분포범위를 넓혀가는 것이 일반적이다. 그러나 함안지역의 고고자료를 보면 4세기대 고식 도질토기의 광역 분포권에서 최극성기를 이루는 5세기대가 되면 분포권이 극도로 축소되어 많은 연구자들이 지적하는 바와 같이 자기 완결적이라고 하는 한정적인 분포권을 보여주고 있다. 이점을 어떻게 이해해야 하는가? 하는 것들이 지금부터 우리가 밝혀나가야 할 과제들이라고 생각된다.

阿羅伽耶의 古墳

김형곤(동서문물연구원)

Ⅰ. 머리말

慶南의 古代史는 가야각국사의 정리이다. 가야사에 대한 연구는 사료가 소략하여 문헌사 접근은 그 한계가 뚜렷한 반면 비교적 활발히 이루어진 고분 발굴성과에 힘입어 묘제, 유물 중심의 고분고고학이 대세이다. 이러한 고분고고학 연구의 중심에는 김해의 금관가야와 고령의 대가야 그리고 함안의 아라가야가 있다.

주지하다시피 아라가야는 오늘날 경남 함안을 중심으로 낙동강과 남강 수계 그리고 진동만, 마산만을 아우르는 영역을 가진 고대 정치체로서 가야 초기부터 멸망에 이르기까지 伽耶諸國을 이끌고 간 중심 정치집단이었다. 이러한 역사적 사실을 보여주는 고고자료로는 咸安 가야리의 아라가야 왕궁지와 3.5㎞의 범위에 축조되어 있는 도항리 말산리고분군(말이산고분군:사적 제 515호)과 가야리 신음리고분군(남문외고분군:경남도 기념물 제226호)이 대표적인데 이는 아라가야 중심세력권의 위상과 장구한 아라가야의 모습을 보여 준다.

현재까지의 자료로 보는 한 咸安一圓의 삼한 가야시기의 묘제의 흐름은 영남권의 일반적인 것과 같이 木棺墓-木槨墓-竪穴式石槨墓-石室墳으로 알

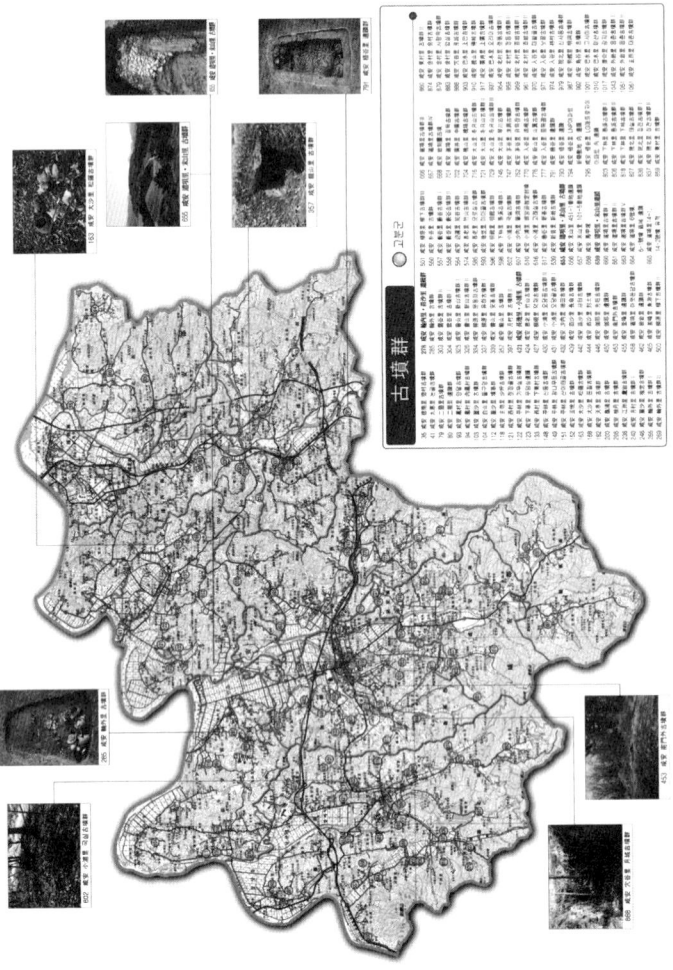

|도면 1| 함안 일원 가야고분군 현황

려져 있다. 木棺墓가 주 묘제로 채용된 3세기 이전의 소위 瓦質土器 文化段階, 木槨墓가 축조되는 4世紀代 초·중반에는 筒形高杯, 컵형토기, 杷杯, 호형토기, 爐形土器가, 4世紀 後半代부터 5세기대에는 火焰文透窓土器가 등장하고, 후기 목곽묘와 수혈식석곽묘에서 출토되는 5世紀代의 폭이 좁은 臺脚部를 가진 鉢形器臺와 有臺壺, 把手附高杯 등은 아라가야의 독자적인 토기문화의 정수를 보여주는 것들이다.

이번 발표문은 "고고학을 통해 본 아라가야와 주변제국-아라가야의 고분-"에 대한 것이다. 아라가야 고분 연구는 말이산고분군을 비롯하여 곳곳에서의 활발한 발굴에 힘입어 대체적인 고분의 전개과정에 대한 것은 알 수 있지만 함안정치체의 위상을 알 수 있는 각 단계별 최고 계층의 핵심 유구발굴이 이루어지지 않은 관계로 그 서술에 큰 어려움이 있다. 그렇지만 아라가야 고고학의 중요성을 부각하는 적극적인 입장에 서서 아라가야 중심고분군의 묘역 전개 양상, 4세기의 통형고배, 5세기의 火焰文透窓土器와 그 分布圈을 통해 아라가야의 토기문화에 대한 대외 교류관계를 간략히 알아 보고자 한다. 결국 이러한 아라가야 고분의 검토는 함안정치체의 실체적 일면을 살펴보는데 있다.

II. 아라가야의 고분의 전개

1. 중심고분군

현재 함안에 존재하는 가야시대 고분유적은 최근의 지표조사 결과 최소 130여개소 이상 알려져 있다.(창원대학교박물관, 2006;도면 1 참조) 이러한 수치는 경남의 타지역에 비해 그 밀도가 높음은 말할 필요가 없는 것이고 많은 고분군의 존재를 근거로 동시성은 낮은 것이지만 그만큼 마을 수, 인구 구성 밀도가 높다는 의미도 있을 것이다.

그동안 우리는 아라가야 중심고분이라고 하면 대체적으로 도항리 말산리고분군(말이산고분군)만 얘기해 왔다. 그렇지만 실제 지금의 가야읍 일대를 보면 말이산고분군 뿐 아니라 대문천변의 가야리 신음리고분군(남문외고분군)까지 대형봉토분이 남아 있기 때문에 여기까지 포함시켜야 한다. 도면 2, 3에서 보는 바와 같이 아라가야 지배계층의 묘역 범위가 길이 3.5㎞[1] 이상인 점은 김해를 비롯한 동시기 타 가야국에 비해 월등하다. 그만큼 함안정치체가 연속적, 장구함을 가진 집단임을 고고자료로서 보여 주는 것이다.

그러면 지금까지 확인된 말이산고분군의 유구분포는 어떠할까? 말이산고분군의 전체범위를 보면 마갑총 북편의 가야초등학교 일대 구릉부에서 남으로 2.5㎞정도 이어진다. 이 구릉은 해발 30~65m 이내의 미고지이지만 주변이 들판으로 되어 있어 높이에 비해 상대적으로 고총의 웅장함이 돋보인다는 점에서 지배계층의 입지적 탁월성 및 상징성이 장점이다.

다음으로 말이산고분군의 고총의 현황은 어떠한가? 먼저 지표조사상으로 파악된 내용을 참조한다면 고총 크기는 대략 대, 중, 중소형으로 나눌 수 있다. 정식 발굴조사가 아닌 지표상에 남아 있는 봉토에 대한 측량조사의 결과이기에 다소 문제는 있음을 감안하여 살펴 보자. 먼저 대형분이다. 봉분이 뚜렷하고 직경이 30m 이상 되는 것으로 기조사된 바 있는 4호분(구 34호)을 포함한 3기로 파악된다. 다음으로 중형분이다. 봉분이 뚜렷하고 직경이 20~30m 되는 것으로 13기가 해당한다. 마지막으로 중소

---

1) 여기서의 3.5㎞는 말이산고분군 구릉부 길이 2.5㎞와 남문외고분군 구릉부 길이 1㎞를 합친 수치이다.

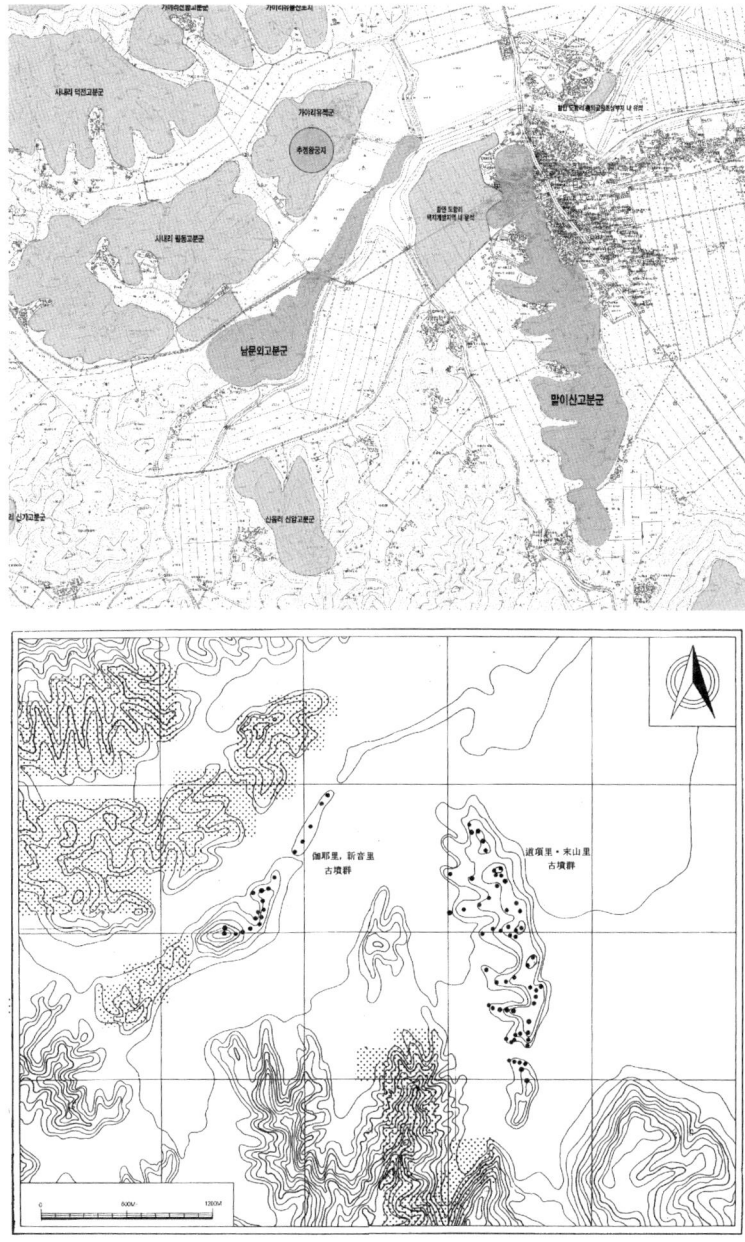

|도면 2| 아라가야 중심고분군 비교자료(아래-일제시기 도면 편집함)

형분으로는 봉분이 뚜렷하고 직경이 10~20m 되는 것으로 30여기가 있다. 그 외에 봉분이 삭평되어 뚜렷하지 않고 내부구조가 노출된 것으로 16기 정도이고 삭평된 소규모 고분으로 47기, 도굴구덩이로 확인된 것 44개소로 파악하였다.(창원대학교박물관, 1992) 이러한 말이산고분군의 고총 현황은 일제시기에 확인된 51기의 고분의 수보다 2배이상 많은 것으로 확인된다.

도면 4에서 보는 바와 같이 말이산고분군의 무덤축조는 지금까지의 조사 성과에서 보듯이 대체로 北에서 南의 순으로 조영된 것 같다. 비교적 이른 시기의 목관묘, 목곽묘는 서향의 지맥 전체에 분포할 가능성도 있지만 크게 보아 북쪽 끝의 가야초교 부근에서 마갑총, 4호분 주변까지가 주 분포지로 추정된다. 이후 수혈식석곽묘와 석실분이 남으로 연이어 축조되는데 각 고분은 일정 거리를 유지하고 있다. 이후 말이산고분군의 조영이 끝나고 묘역 부족현상이 생겨 자연히 남문외고분군으로 지배계층의 묘역이 확대된 것으로 이해할 수 있다.

2. 말이산고분군 발굴조사와 유구 분포

도항리 말산리고분군(말이산고분군)은 도면 3에서 보는 바와 같이 북편의 가야초등학교 일대 구릉부에서 남으로 2.5㎞정도로 활처럼 주능선이 이어지며 서향으로 뻗어있는 8개의 지맥으로 되어 있는데 주능선과 지맥에 걸쳐 지배계층의 묘역으로 활용되었다. 이러한 말이산고분군에 대한 발굴조사는 현재까지 14회에 걸쳐 진행되었고 그 대략적 조사내용은 아래와 같다.

1917년 34호분 발굴이 시작되어 함안 중심고분의 구조가 알려졌다. 해방이후 1986년에 이르러 창원대학교 박물관의 14-1, 14-2호의 수혈식석곽묘 조사가 진행되었고 국립가야문화재연구소의 8회 조사에서 마갑총과 목곽묘를 비롯하여 암각화고분, 5호, 8호, 15호, 22호 등의 수혈식석곽묘가 확인되어 함안의 가야 고분 연구의 새로운 자료를 확보하는 성과가 있었다. 1997년 경남고고학연구소 조사에서 목관묘, 목곽묘가 90여기 조사되었고 이후 경남발전연구원 역사문화센터, 동아세아문화재연구원, 경상문화재연구원의 석곽묘와 목곽묘에 대한 조사가 이어졌다.

다음으로 말이산고분군의 조사성과를 토대로 말이산능선의 아라가야 고분의 무덤 축조는 어떠했는가? 에 대한 문제이다. 현재까지의 자료로만 본다면 말이산고분군의 무덤축조는 대체적으로 北에서 南의 順으로 조영된 것 같다. 물론 이른 시기의 목관묘, 목곽묘는 서향으로 뻗어있는 지맥에 분포할 가능성도 있지만 크게 보아 북쪽 끝의 가야초교 부근에서 마갑총, 4호분 주변까지가 주 분포지로 추정된다. 이는 가야문화재연구소의 마갑총, 1호분 주변의 목곽묘, 경남고고학연구소의 『道項里 末山里遺蹟』보고서의 목관, 목곽묘자료, 경상문화재연구원의 『함안 도항리고분군-도항리 428-1번지 일원-』자료를 통해 알 수 있는 것으로 4세기대까지의 중요 유구는 말이산고분군의 북쪽 능선에 분포한다고 본다.

이후 5세기대 수혈식석곽묘와 석실분이 남으로 연이어 축조되는데 각 고분은 일정 거리를 유지하고 있다.

調査年度	調査古墳	調査機關	調査內容	참고문헌
1917. 10	舊34號, 30號, 5號墳	朝鮮總督府	수혈계횡구식석실(?)1기	1
1986. 8	現14-1號, 14-2號墳	昌原大學校博物館	수혈식석곽 2기	2
1991. 6	現34號墳(岩刻畵古墳)	昌原文化財硏究所	수혈식석곽 지석묘 등 10기	3
1992. 6	馬甲塚	昌原文化財硏究所	목곽묘 목관묘 등 2기	4
1992. 10	現1-1號墳 주위	昌原文化財硏究所	목곽묘 수혈식석곽 등 35기	5
1993. 6	現1號墳 주위	昌原文化財硏究所	목곽묘 수혈식석곽 등 14기	6
1994. 7	現5號墳, 現8號墳	昌原文化財硏究所	수혈식 석곽 2기	7
1995. 6	現15號墳 및 주위	昌原文化財硏究所	수혈식석곽 등 5기	8
1996. 6	現22號墳	昌原文化財硏究所	수혈식석곽 1기	9
1997. 7	咸安-女商間 도로확장	慶南考古學硏究所	목관묘 목곽묘 등 90여기	10
2001. 4	도항리 101-5번지	昌原文化財硏究所	수혈식 석곽 2기	4
2003. 8	명덕고교신축부지	慶南發展硏究院	수전 등	11
2004. 1	도시자연공원부지	慶南發展硏究院	구상유구, 수전층 등	12
2005. 5	現6號墳 및 주위	東亞細亞文化財硏究院	수혈식석곽 1기, 목관묘	13
2009. 1	도항리 428-1번지	慶尙文化財硏究院	목곽묘 17기, 석곽묘 19기	14

〈참고문헌〉
 1. 朝鮮總督府, 『朝鮮古蹟調査報告(大正6年度)』, 1920
2-1. 秋淵植, 「咸安咸安道項里古墳群發掘調査豫報」, 『嶺南考古學』3, 1987
2-2. 昌原大學校博物館, 『咸安 阿羅伽倻의 古墳群(1)』, 1992
 3. 昌原文化財硏究所, 『咸安岩刻畵古墳』, 1996
 4. 昌原文化財硏究所, 『咸安馬甲塚』, 1996
 5. 昌原文化財硏究所, 『咸安道項里古墳群Ⅰ』, 1997
 6. 昌原文化財硏究所, 『咸安道項里古墳群Ⅱ』, 1999
 7. 昌原文化財硏究所, 『咸安道項里古墳群Ⅴ』, 2004
 8. 昌原文化財硏究所, 『咸安道項里古墳群Ⅲ』, 2000
 9. 昌原文化財硏究所, 『咸安道項里古墳群Ⅳ』, 2001
 10. 慶南考古學硏究所, 『道項里·末山里遺蹟』, 2000
 11. 慶南發展硏究院 歷史文化센터, 『함안명덕고등학교 시굴조사보고서』, 2003
 12. 慶南發展硏究院 歷史文化센터, 「함안도시자연공원조성부지 시굴조사 회의자료」, 2004
 13. 東亞細亞文化財硏究院, 『咸安 道項里 六號墳』, 2008
 14. 慶尙文化財硏究院, 『함안 도항리고분군-도항리 428-1번지 일원-』, 2011

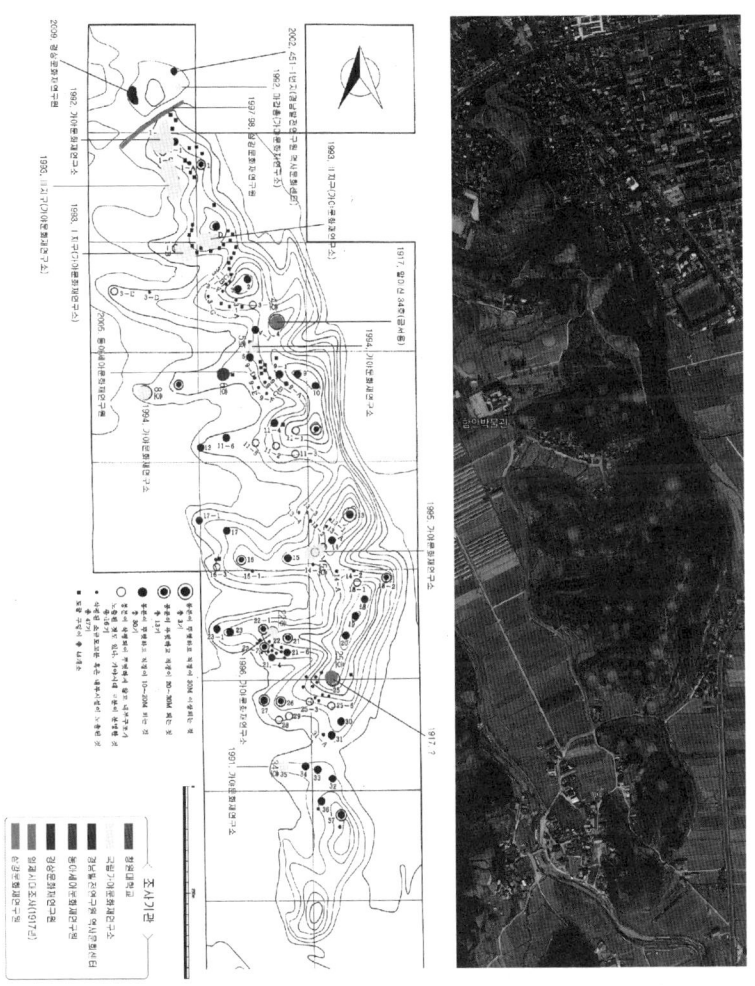

|도면 3| 말이산고분군 발굴조사 현황(1991년 측량조사시 도면으로 재편집함)

|도면 4| 함안 말이산고분군 와질토기 편년표(경남고고학연구소 조사자료를 중심으로)

3. 고분 문화의 전개

함안정치체의 고분문화 이행과정은 영남권의 일반적인 경우과 같이 木棺墓-木槨墓-竪穴式石槨墓-石室墳의 축조기와 그 궤를 같이 한다. 현재까지의 자료로 본다면 木棺墓가 주 묘제로 채용된 3세기 이전의 소위 瓦質土器 文化段階의 경우 말이산고분군에는 최고 신분자의 무덤이 확인되지 않는다.

목관묘의 존재는 6호분이 위치한 서편의 지맥부 구릉성 평지상에 위치하는 경우도 있지만 주 분포지역은 경남고고학연구소에서 조사한 바 있는 말이산고분군의 북쪽 구릉부 일대이고 차후 위계묘의 존재가 기대된다.

다음 木槨墓가 축조되는 4世紀代이다. 역시 최고 신분자의 무덤이 확인되지 않았다. 현재로서는 이른시기의 마갑이 출토되어 알려진 마갑총 역시

5세기 초반으로 편년되는데 이 역시도 김해권역의 목곽묘와도 위계상 차이를 보인다. 4세기대는 아무래도 함안산토기의 생산과 유통의 중심지로서 중요성을 갖는다. 대표적인 토기문화는 筒形高杯, 컵형토기, 杷杯, 호형토기, 爐形土器가 있다. 중요한 생산유적인 장명리, 우거리 토기가마조사에서도 통형고배로 대표되는 함안산 토기문화의 존재가 확인되었고 이러한 발전적인 함안산토기의 전영남지역으로의 확산은 소위 고식도질토기문화를 새롭게 인식하는 계기가 되었다.

고배	단경호	노형토기	컵형토기

|도면 5| 4세기대 함안양식 토기(우거리 출토품)

4世紀 後半代부터 5世紀代에는 火焰文透窓高杯가 등장한다. 4세기대의 통형고배로 대표되는 함안양식토기가 전영남권으로의 유통망에서 섬진강 건너의 전남 동부 광양, 바다건너 일본에 까지 확산되는 문화교류상을 보인다. 아울러 철기는 4세기대의 목곽묘 축조기의 소수의 무기류와 농공구 중심에서 5세기 전반이 되면 갑주와 무기, 마구, 농공구, 의기 등 모든 종류의 철기류가 등장하는 것 같다. 5세기 중반부터 거대한 봉분의 조성되면서 대형분이 등장하고 부장유물의 증가와 함께 순장의식(足下에 5人)이 보인다.

다음으로 6세기대에는 암각화고분과 같이 갑주, 무기류 등이 줄어드는

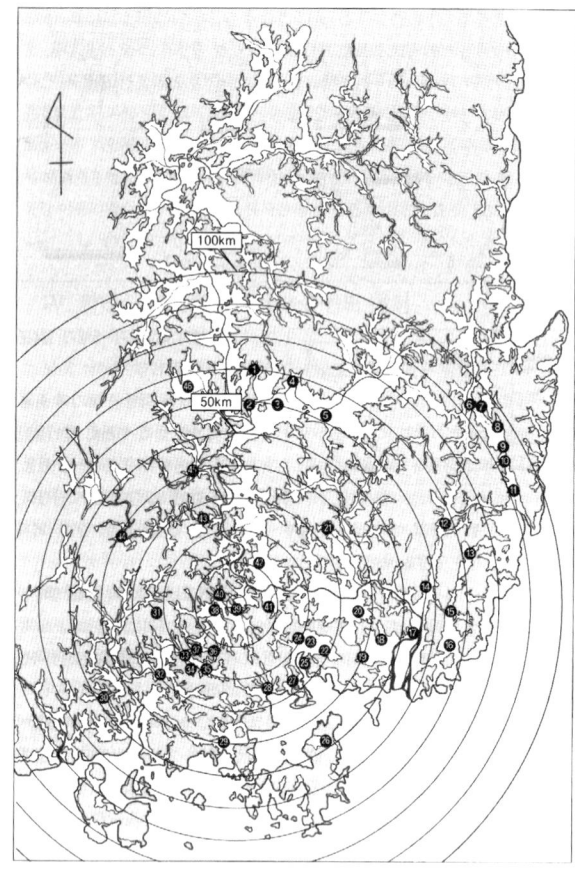

|도면 6| 4세기대 함안산토기 분포도(정주희, 2009를 보완함)

추세이고 순장의 경우 6세기 전반경에는 5인 2인으로 축소되는 경향이다. 이러한 말이산고분군, 즉 함안정치체의 중심고분군의 고분문화의 전개는 전기가야시기의 김해 대성동고분군, 후기가야시기의 고령 지산동고분군과 비교하더라도 2인자일 수밖에 없다.

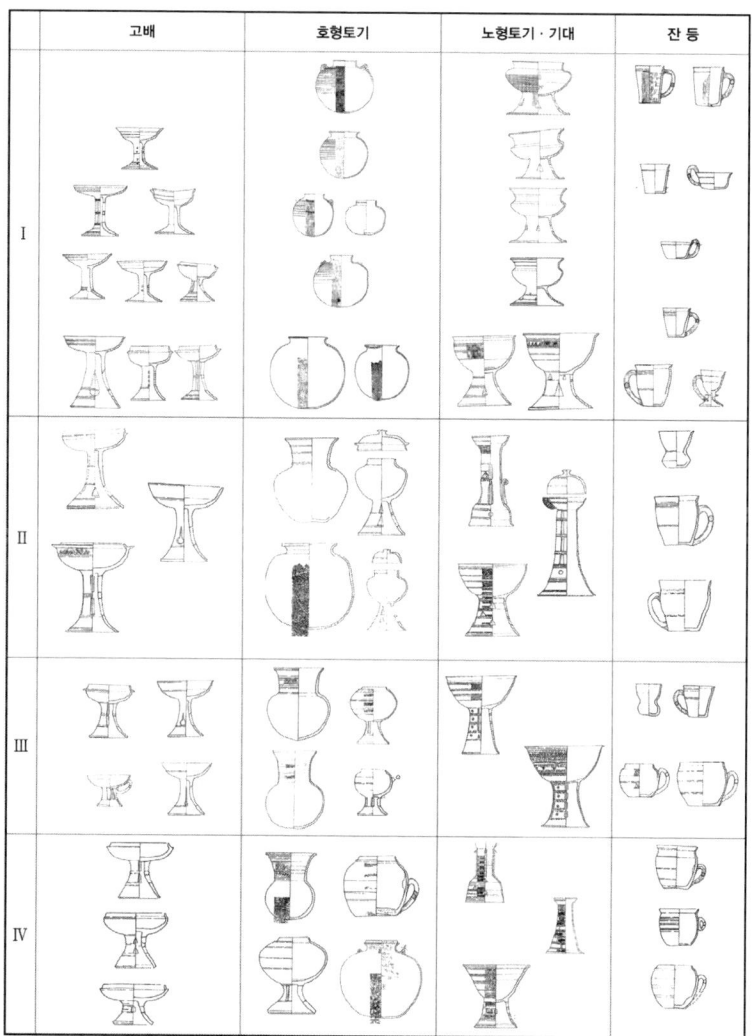

|도면 7| 함안지역 토기편년표

III. 화염문투창토기 문제

1. 화염문투창고배의 개념과 기종별 구성

火焰文透窓土器란 대각의 중위부에 뚫려진 투창 형태가 화염형인 토기를 지칭한다. 여기서 火焰文이란 일반적으로 "불꽃무늬", "불꽃문양", "열쇠고리모양"이라 불리우는 것으로 그 형태는 꼬리가 긴삼각형의 하단 삼각부가 원공처럼 둥글게 처리한 것과 같다. 이러한 火焰文透窓은 형태상으로도 長方形, 三角形등 기왕에 알려져 있는 타 透窓[2]과 다르며 토기 구성면에 있어서 高杯 뿐 아니라 臺脚이 부착되는 有臺壺, 器臺까지 포함된다. 따라서 화염형투창토기는 시기적으로 4세기에서 6세기까지, 토기의 대각 중위부에 뚫려진 투창 형태가 화염형인 토기를 지칭한다. 주로 고분에서 출토되

|사진| 화염문투창토기들

---

[2] 화염형투창은 圓形〈下〉+三角形〈上〉의 결합형태라 할 수 있다. 일반적으로 투창은 대각부 중위에 원형, 삼각형, 사각형을 기본으로 하여 구멍을 뚫은 것인데 이는 토기 제작공정에 따른 소성과정에서 토기 외형이 일그러지지 않도록 배려하면서, 여기에 裝飾美가 추가된 것으로 이해된다.

는데 器種는 高杯, 有臺壺, 器臺 등으로 한정된다. 최근 전남 광양 출토 화염형투창고배(도면 9 참조) 1점은 수혈유구에서 출토된 바 있다.

2. 분포권

화염문투창토기의 分布圈을 보면 중심지인 함안을 중심으로 창원, 의령, 산청, 김해, 부산, 경주, 금릉지역과 전남 동부 광양까지, 바다 건너 日本의 布留遺蹟등 大和政權의 所在地였던 近畿地方을 중심으로 한 4개 유적에서 出土된 火焰文透窓土器자료까지 상당한 유통망을 가진다. 도면 9와 같이 함안을 중심으로 김해권까지는 대략 50km까지이고, 경주 광양권까지는 대략 100km 정도이다. 이러한 거리는 도상으로 확인되는 것이고 실제로는 낙동강, 남강의 수계를 통한 내륙권, 또한 해상을 통한 유통루트가 성행하였을 것으로 짐작된다.

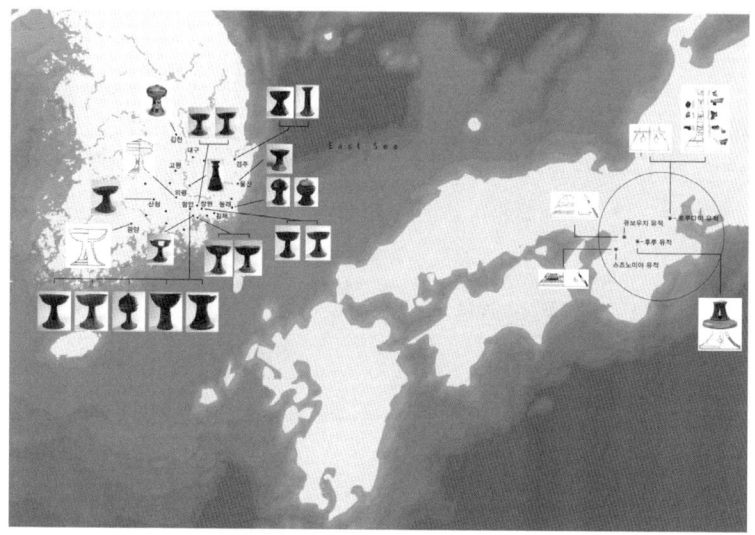

|도면 8| 화염문투창토기의 분포도

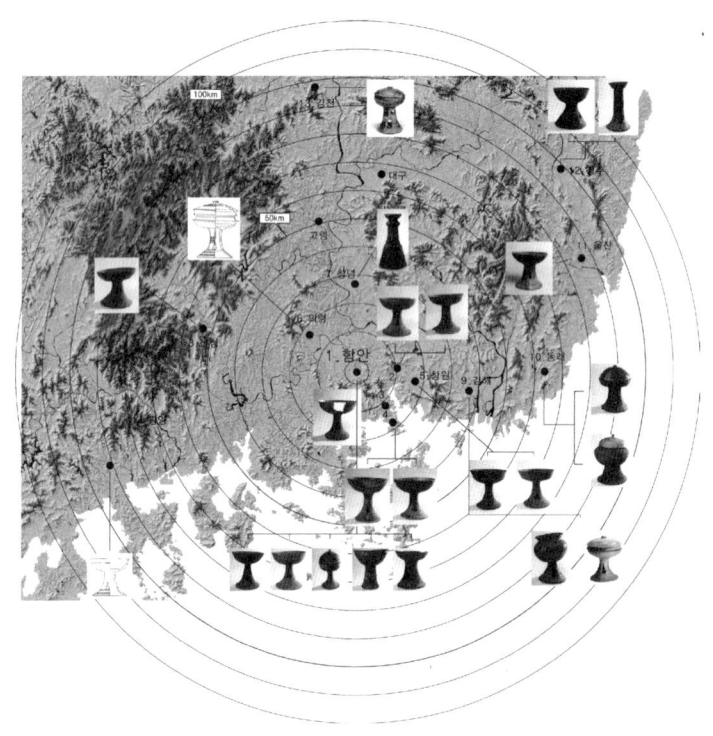

|도면 9| 화염문투창토기 분포도

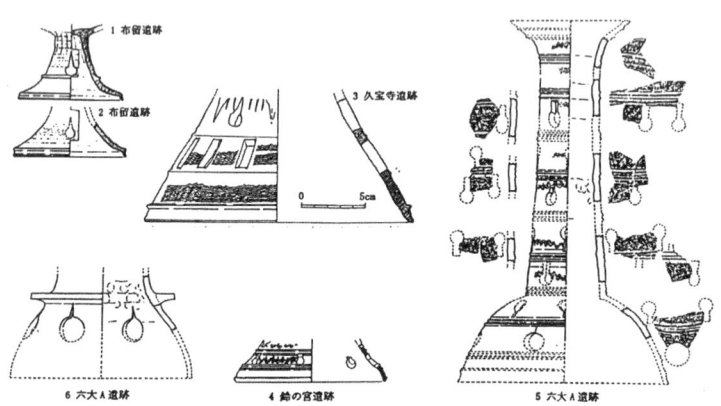

|도면 10| 화염문투창토기 일본출토 예

3. 문제점

우리가 일반적으로 부르는 화염문투창토기는 대표적인 기종인 高杯 뿐 아니라 器臺, 有臺壺등 臺脚部가 부착된 토기류에까지 확대되는 점을 확인할 수 있다. 또한 그 時·空的 분포 양상 또한 慶尙道, 섬진강 건너 전남 광양, 심지어 日本의 畿內地方에 까지 넓은 國際的인 분포상을 보인다는 점에서 이들 토기의 중요성은 인정되며 아울러 함안정치체의 국재적 교류상 역시 유추할 수 있다.

분명한 것은 火焰文透窓土器의 분포상 중심지는 낙동강과 남강 수계를 아우르는 지형적 입지를 가진 함안일원이며 이는 4세기대 이후 보이는 함안산 토기문화의 유통망과 그 궤를 같이 한다. 결론적으로 4세기 후반, 5세기 초경 함안일원의 고분에서 출발하여 전파, 유통되었다는 점이다. 여기에서의 문제는 먼저 경주 월성로 가-5호분 고분보다 이른 시기의 4세기대의 화염문토기 출토 예가 함안 고분에서 있어야 하고 이러한 문제가 해결되면 화염형 투창과 관련한 이주헌의 고구려 불교 즉 연화문과 관련시킨 잘못된 발상은 향후 자연적으로 해결될 것으로 짐작된다.

그리고 일본 近畿地方의 4개 유적에서 출토된 화염형투창토기 자료는 함안지방과 近畿地方간의 교류관계를 보여주는 자료이겠으나 엄밀히 출토상태와 유물을 비교해 보면 생활용유적이고 완형유물이 없다는 점에서 함안지방을 염두에 둔 일종의 제사와 관련된 흔적일 가능성이 있다는 점이다[3].

---

3) 日本에서의 火焰文透窓土器 출토유물은 布留遺蹟의 고배 대각부 2점, 久寶寺遺蹟의 발형기대의 대각부 1점, 鈴の宮遺蹟의 기대 대각부 1점, 六大A遺蹟의 통형기대 등 2개체로 주로 堆積層, 流路 堆積層 등에서 완형없이 출토된 자료이다. 어쩌면 고분유적 출토품이 아니고 완형유물이 없이 파기된 조각인 점과 모두 6점 중 4점이 裝飾·象徵性이 强하다고 생각되는 器臺類의 臺脚部인 점도 注目되는 것인데 혹시 祭祀 등 儀禮와 관련성을 배제하기 어렵다고 본다. 혹시 고향을 그리워하는 집단의 염원 표시가 아닐지?

Ⅳ. 맺음말

　함안을 중심으로 하는 아라가야권역의 고분고고학이 차지하는 비중은 현재까지의 자료로 보는 한 김해, 고령보다 낮은 하위의 모습이다. 비근한 예로 4~5세기 전반의 김해 대성동집단에 필적할 만한 왕급 목곽묘의 부재, 대가야의 고총에서 보이는 관모류가 함안고분에서는 전혀 출토되지 않는다. 그리고 威勢品이나 武具類도 그다지 많지 않아 고분자료로만 보면 안라국의 위상은 높아 보이지 않는다. 문헌상으로 보이는 아라가야의 활동과 위상은 대가야나 금관가야와 비교될 만큼 대단하다고 할 수 있지만 고고 자료로는 설명되지 않는다는 것이다. 그다지 주목받지 못하는 함안정치체가 가지는 阿羅 王宮址, 독특한 묘제와 순장양상, 함안식토기문화 생성과 교역체계로 본 국제성 등 우리가 아직 모르는 것이 더 있는 것은 분명한데, 향후 자료 축적을 기다린다.

　※ 최근 함안 일원에서 조사된 목관묘, 목관묘 자료 소개 : 별첨

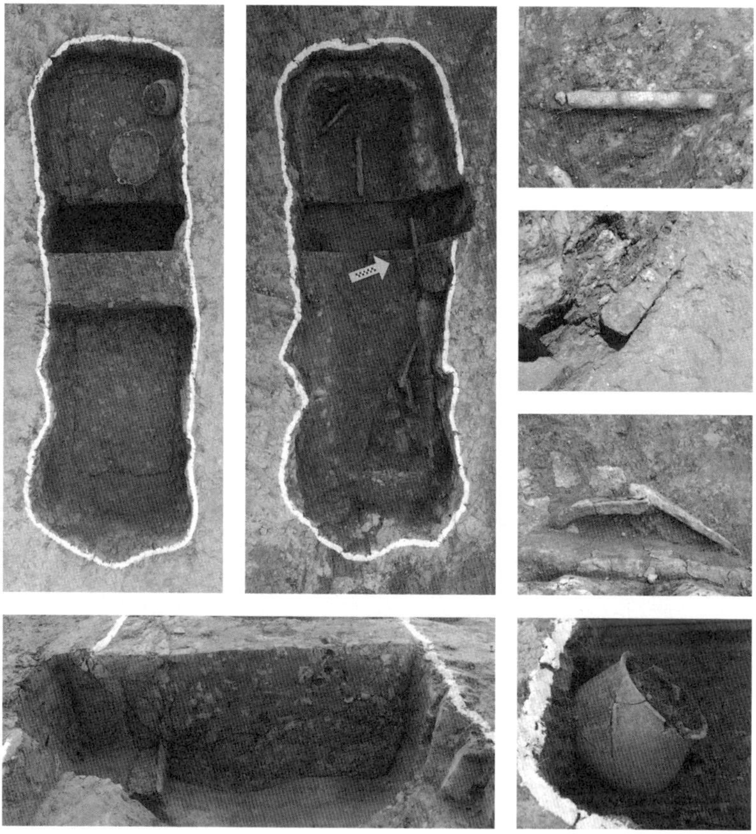

함안 OO부대 유적【6호목관묘】

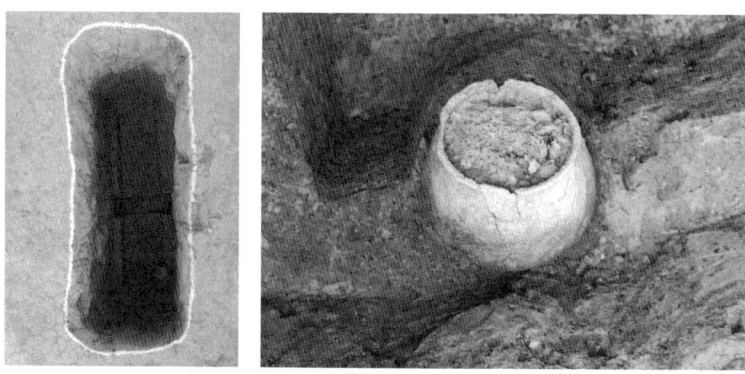

함안 OO부대 유적【5호목관묘】

【사봉산업단지내 유적 58호-上, 104호-中 목곽묘】【출토된 도질토기-下】

[참고문헌]

김세기, 2011, 「고고자료로 본 아라가야의 형성과 영역권」, 2011년 아라가야역사 학술대토론회
김수환, 2010, 「아라가야의 순장」, 『영남고고학』 55, 영남고고학회.
김정완, 1994, 「함안권역 도질토기의 편년과 분포 변화」, 경북대학교 대학원 석사학위논문.
김형곤, 1995, 「아라가야의 형성과정 연구」, 『가라문화』 12, 가라문화연구소.
_____, 1997, 「함안지역 가야전기의 묘제연구」, 제2회 아라가야사 학술토론회 발표요지.
_____, 2002, 「화염문투창토기의 재인식」, 『가야문화』 15, 가야문화연구원.
류창환, 2002, 「마구를 통해 본 아라가야」, 고대 함안의 사회와 문화
_____, 2011, 「아라가야고분 부장철기의 연구」, 2011년 아라가야역사 학술대토론회
_____, 2012, 「부장철기로 본 아라가야의 수장들」, 『中央考古硏究 제11호』
박경원, 1974, 「함안지역의 조명용토기」, 『우헌 정중환박사환력기념논문집』, 기념논총간행위원회.
박미정, 2008, 「함안 도항리·말산리고분군 수혈식석곽묘 구조 검토」, 『함안도항리6호분』, 동아세아문화재연구원
박승규, 1992, 「함안 군북지역출토 도질토기에 대한 고찰」, 『진주전문대학론문집』 14.
_____, 1993, 「경남서남부지역 도질토기에 대한 연구-진주식토기와 관련하여-」, 『경상사학』 9.
_____, 2010, 「가야토기 양식연구」, 동의대학교대학원 박사학위논문.
박천수, 2000, 「고고학으로 본 가야국사」, 『가야 각국사의 재구성』, 혜안.
_____, 2004, 「가야토기에서 역사를 본다」, 『가야, 잊혀진 이름 빛나는 유산』, 혜안.
안재호·송계현, 1986, 「고식도질토기에 대한 약간의 고찰」, 『영남고고학』 1.
우지남, 1986, 『대가야고분의 편년』, 서울대학교대학원 석사학위논문.
_____, 2000, 「함안지역 출토 도질토기」, 『도항리·말산리유적』, 경남고고학연구소.
이성주 외, 1992, 「아라가야 중심고분군의 편년과 성격」, 『한국상고사학보』 10.
이정근, 2006, 「함안지역 고식도질토기의 생산과 유통」, 영남대학교대학원 석사학위논문.
_____, 2007, 「고찰」, 『함안우거리토기생산유적』 국립김해박물관

이주헌, 1995,「함안지역 고분문화의 조사와 성과」,『가라문화』12, 가라문화연구소.

_____, 1996,「말이산 34호분의 재검토」,『석오 윤용진교수 정년퇴임기념논총』, 기념논총간행위원회.

_____, 1998,「토기로 본 안라와 신라」,『가야와 신라』, 김해시.

_____, 2000,「아라가야에 대한 고고학적 검토」,『가야 각국사의 재구성』, 혜안.

_____, 2000,「화염형투창토기의 신시각」,『한국고대사와 고고학』, 학산 김정학박사 송수기념논총간행위원회

정주희, 2009,「함안양식 고식도질토기의 분포정형과 의미」,『한국고고학보』73.

조수현, 2005,「화염형투창토기에 대한 일고찰」,『안라국의 상징 불꽃무늬토기도록』함안박물관

조영제, 1990,「삼각투창고배에 대한 일고찰」,『영남고고학』7.

_____, 1994,「아라가야의 고고학」, 아라가야사 학술토론회 발표요지

_____, 2004,「고고자료를 통해 본 안라국의 성립에 대한 연구」안라국사의 새로운 이해

조영제·류창환, 1991,「함안 원북리유적 채집토기자료의 검토」,『경남문화연구』13.

추연식, 1987,『창원도계동고분군Ⅰ』, 창원대학교박물관.

하승철, 2008,「진주 안간리 출토 고식도질토기에 대한 일고찰」,『진주 안간리유적』, 경남발전연구원.

竹谷俊夫, 1984,「화염투공의 계보」,『가야통신』1984년 9월호, 부산대학교박물관.

_____, 2002,「일본에서의 화염형투창토기의 계보에 대하여」,『고대 함안의 사회와 문화』국립창원문화재연구소

아라가야의 고총고분 축조방식

박상언(경남발전연구원)

Ⅰ. 머리말

고총은 높은 분구로 표현되며 많은 인력과 재료(석재 및 성토재)가 투입되어 완성되는 대규묘의 토목공사라 할 수 있다. 또한 그것이 축조되던 사회의 집단적 기념물로 보는 것이 일반적이라 할 수 있다. 즉 개인의 분묘라는 측면보다는 집단의 대표적 상징물로서 역할을 하였다. 고총의 출현이 초기국가의 완성과도 연결되며, 고총의 성행과 쇠퇴에 따라 국가의 흥망성쇠가 보여지는 것이라 하겠다.

아라가야의 중심지였던 함안에는 당시 지배층의 묘역인 말이산고분군이 조성되어 있다. 말이산고분군은 일제강점기에 일본인 학자인 수西龍에 의해 처음 발굴조사가 이루어졌으며, 1990년대 이후 함안지역의 발굴조사가 급증하면서 말이산고분군의 구조와 해석에 다수의 자료가 축적되었다.

근래에 들어 가야지역에서 다수의 고총고분이 조사되었고, 기존의 편년과 분류 등에 치중되었던 연구가 기술적인 부분 즉 조성방법 등으로 관심이 집중되고 있다. 그래서 본고에서는 아라가야의 고총고분에서 확인된 특징적인 것들과 토목공학적인 부분을 살펴보고자 한다.

아라가야의 대표적인 고총고분군인 말이산고분군의 대형분을 중심으로 살펴보겠다.

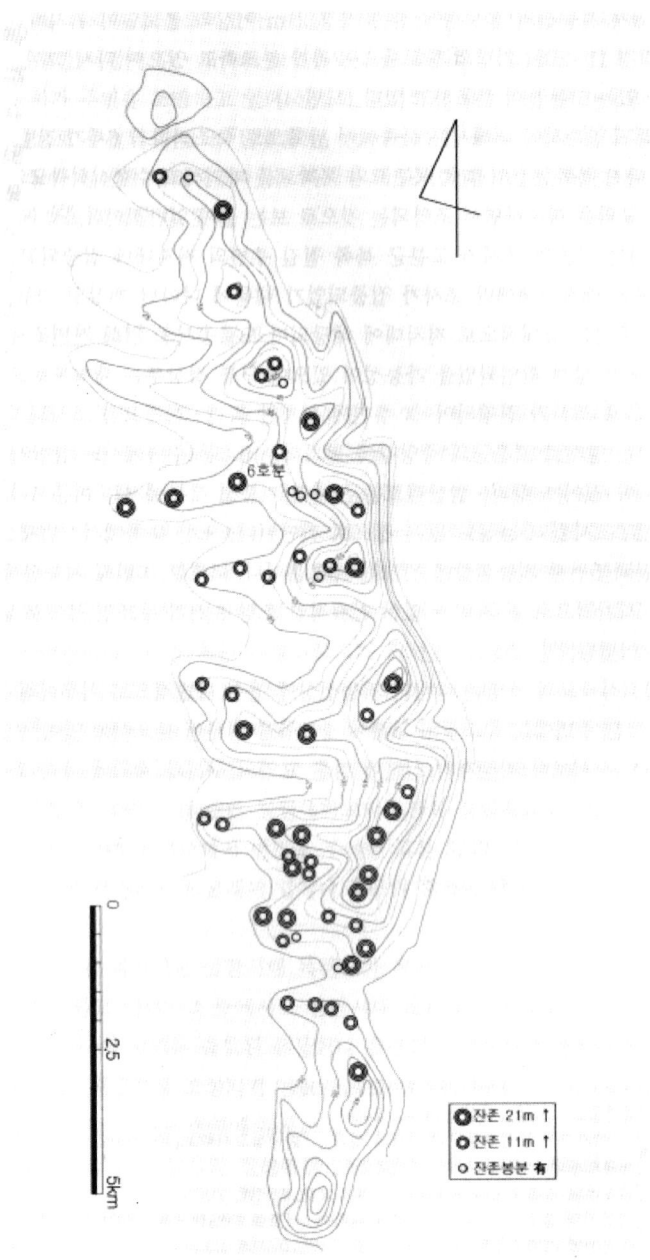

|도면 1| 함안 말이산고분군 고총고분 분포도(동아세아문화재연구원, 2008에서 인용)

Ⅱ. 아라가야의 고총고분 축조방식

1. 입지

　말이산고분군 내에서 고분의 축조위치는 각 단계에 해당되는 중심고분들의 상대서열을 파악하는데 있어서 매우 중요한 하나의 지표가 되고 있다. 말이산고분군에서 지금까지 파악되고 있는 중심고분은 대체로 말이산 구릉의 주능선과 지능선의 정선부를 따라서 입지하고 있으며 구릉의 북쪽에 이른 시기의 중심고분이 분포하며 점차 남쪽으로 내려오면서 늦은 시기의 유구들이 편재되어 있는 양상이다. 또한 한정된 말이산구릉의 정선부가 대형고분의 유구로 다 채워진 6세기 초 이후에는 다시 북쪽 구릉의 주능선의 빈 공간을 찾아서 대형고분의 축조가 이루어지고 있는 것으로 보아 당시에 있어서 고분군 조성상에 철저한 축조기획과 통제된 힘이 작용하였던 것으로 파악하였다(김정완 1994, 이주헌 2000).

　하지만 3번째 지능선상에 위치한 8호분과 5번째 지능선상에 위치한 15호분이나 54호분, 6번째 지능선상에 위치한 22호분 등이 시기적으로 큰 차이가 없어 전체적인 조영의 순서는 무조건 북에서 남으로 간 것으로 보기는 어렵다는 견해가 제시되었다(박미정 2005, 조수현 2005).

　말이산고분군에서 수혈식석곽묘의 조영은 능선과 지능선에 동시다발적으로 이루어졌으며, 고총고분의 주변에 중소형의 석곽이 분포하는 양상이다. 즉 북에서 남으로의 시간적인 순서가 아닌 다른 근거에 따른 축조기획이 있었을 것으로 판단된다.

2. 봉분조성

함안의 말이산고분군 조사에서 봉분이나 외부시설에 대한 조사가 정밀하게 시행된 것은 6호분 외에는 없다. 6호분의 조사이전에 몇 기의 고분조사(4호분, 8호분, 15호분, 22호분, 암각화고분)에서 봉토조사가 일부 이루어졌으나 전면적인 조사가 아닌 일부 트렌치를 중심으로 실시되어 세밀한 내용은 알 수 없다. 하지만 보고서에 기술된 내용과 도면, 사진 등을 참고하여 봉분조성의 대략적인 특징을 살펴보도록 하겠다.

1) 4호분

"… 봉토는 각진 잡석을 섞어 원형으로 높이 약 32척, 직경 약 130척 정도로 쌓았다. … 봉토에 대한 조사는 남쪽에서부터 시작하였고, 봉토는 각진 잡석이 다량 섞여 있는 토질이어서 점착력이 적었고 마제석촉 1점이 출토되었다. …"

"… 봉토의 기저는 구릉의 봉우리를 이용하였으므로 기초공사 시에는 봉우리 위에 기저면을 조성하기 위해 필요한 부분을 남기고 사주위를 평탄화시켜 그 남은 흙은 봉토에 추가하여 사주위보다도 수척 높게 된 기저부 위에 봉토를 가축한 것이다. 그러나 봉토 전부를 쌓기에는 모자라므로 실제로 봉토는 다른 곳에서 운반해왔다. 봉토는 산흙으로 모난 자갈이 섞인 것인데 일부는 자갈만으로 되어 있다고도 할 수 있다. … 봉토의 다른 곳에서는 석기시대는 물론 후대의 토기, 와기 등의 조각 하나 섞이지 않은 순수한 산흙을 이용하였다. …"

위의 내용으로 알 수 있는 것은 봉토는 직경 39m, 잔존높이는 9.7m 정도이다. 봉분은 구릉의 돌출부에 설치되었으며, 구획을 나누어 봉토작업을 하였다. 봉토재는 묘역조성시 굴착한 흙과 산흙, 강자갈이 다량 포함되어 있는 흙을 운반해 봉토로 이용하였다.

2) 8호분

"봉토는 20㎝의 흑갈색 부식토층 아래에 매우 단단한 황갈색점질토와 암적갈색점질토로써 수평상으로 다져 쌓아올린 점토층이 두께 50~70㎝ 정도로 덮여져 있는데 봉토의 중심부와 남쪽에 집중적으로 덮어진 상태이다. 이 점토층 아래에는 암다갈색부식점질토층이 봉토의 기저부까지 전면적으로 넓게 분포되어 있는데 이 층에는 기반암인 풍화암반층의 묘광을 파내면서 나온 암반덩이들이 많이 섞여 있는 상태였다. 결국 본 고분의 봉토는 대형매장주체부의 축조를 위해 묘광을 파내면서 부수적으로 나온 풍화암반토를 이용하여 인근 저습지에서 채취한 회갈색 또는 다갈색의 점질토와 혼합하여 3.5m가 넘는 대형봉토를 축조한 것으로 파악된다."

위의 내용으로 알 수 있는 것은 잔존 봉토는 직경 32m, 잔존높이는 3.5m 정도이다. 수평성토를 하였고, 봉토의 중심부와 남쪽에 집중적으로 점토로 성토하였다. 점토층 아래에는 풍화암반 할석이 다량 포함된 토재를 이용하였다.

3) 15호분

"봉분은 직경이 22m이고 높이가 3.0m 정도인 평면 원형의 것으로…"
"봉토의 단면에서 확인된 토층의 상태는 거의 수평적으로 쌓여져 있었는데 봉토의 상부층 중앙부위에 있는 암반편덩이가 많이 혼합된 갈색점질토는 다른 지역의 고총고분에서는 그다지 확인되지 않는 층으로 생각된다. 적갈색점질토와 황갈색점질토로써 비교적 견고하게 봉분의 아래층과 가장자리를 쌓고 난 후, 묘광의 굴착으로 인해 모여진 풍화암반덩이를 갈색점질토와 혼입하여 봉분의 중심부에 채워 넣은 구조이며 최상부층은 다시 황갈색점질토로써 한 벌 덮어 봉토내부에 쌓아둔 토사의 유실을 막고 있다"

위의 내용으로 알 수 있는 것은 잔존 봉토는 직경 22m, 잔존높이는 3m 정도이다. 수평성토 하였고, 묘광의 굴착으로 모아진 풍화암반과 점질토를 혼합하여 제방상성토된 내부를 채웠다.

4) 22호분

"봉토의 직경은 26m이고, 높이는 3.0m에 이른다."

"봉토는 구릉의 정선부를 정지한 후 축조하였는데, 최하층에 적갈색과 황갈색계의 점질토를 수평상으로 깔고 다진 후 봉분의 가장자리를 따라서 암갈색점질토와 적갈색 점질토를 섞어서 상부까지 올렸다. 봉토의 상부 중앙부에는 흑갈색점질토와 할석, 풍화암반토덩이를 혼합하여 채워넣은 상태이며 그리고 최상층은 다시 적갈색점질토로써 얇게 덮어 토사의 유실을 막고 있다."

위의 내용으로 보아 알 수 있는 것은 잔존 봉토는 26m, 잔존 높이는 3.0m 정도이다. 개석을 밀폐한 후 점질토를 수평상으로 깔고 다진 후, 점질토를 이용하여 제방상성토를 하였다. 제방상성토 된 내부를 점질토와 할석, 풍화암반편을 이용하여 채워 넣었다.

5) 암각화고분

"봉분의 분구는 최대직경이 12.5m, 최고 높이가 2.5m 정도인 원형상…"
"봉토는 구지표위에 성토하여 만들었는데, 묘광은 … 암반층을 파내고

석곽을 설치하였으며 … 수평상으로 성토…"

위의 내용으로 보아 알 수 있는 것은 잔존 봉토는 직경 12.5m, 잔존높이는 2.5m 정도이다. 매장주체부의 밀폐 후 그 상부는 대부분 수평상의 성토를 하였다. 제방상성토는 회색점토와 회황색점토 및 할석이 포함된 점토를 구분하여 이용하였다.

6) 6호분

봉토의 잔존 직경은 14~19m로 추정(조사결과 33m정도로 추정), 잔존 높이는 2.5m 정도이다. 매장주체부 주위를 점성이 강한 점질토를 이용하여 제방상으로 단단하게 다져 올렸다. 제방성토된 내부와 그 상부는 수평상의 성토를 하였으며, 석재와 토재를 구분하여 구획성토[1]를 하였다.

봉토를 성토한 후 성토층위로 개석의 밀봉층이 확인되는 점과 정지층을 깔고 그 위에 봉토를 일부 성토한 후 주구를 굴착한 점은 특이하다.

말이산고분군 고총고분의 봉토 축조에서 나타나는 특징은
① 봉토재는 주구굴착과 묘광굴착시에 발생한 토재와 석재를 이용하였으며, 점질토는 주변의 저지대 등에서 채취한 것으로 판단된다.
② 매장주체부의 주위를 제방상성토를 한 후 개석을 밀봉(6호분) 또는 개석의 밀봉 후 제방상성토 하였으며, 상부는 수평상의 성토를 하였다.
③ 성토는 구획을 나누어 이루어졌으며, 구획의 기준은 이질점토대·이색점토대·토낭 등에 의한 것이 구획석[2]을 놓은 것으로 판단된다. 즉 봉토

---

1) 분할은 나누어 쪼갠다는 의미이고, 구획은 분할된 구획안에서 이질·이색·표시석 등의 구분선이 확인될 때를 의미하는 것으로 생각된다.
2) 구획의 경계부근에 50~60㎝ 정도 크기의 할석을 두어 작업자들이 구획의 공간을 인식하도록 한 것으로 말이산 6호분에서 확인되었다.

의 단면을 보았을 때 구획의 범위가 일정하지 않고 지그재그상의 교차점(구획)이 이질성토재 또는 석재와의 구분에 의한 것만이 확인되기 때문이다.

④ 기반층이 약하기 때문에 정지작업(구지표를 걷어내고 정지층을 단단하게 다지고 깔아 봉토의 기반이 되게 하는 작업)은 반드시 이루어진 것으로 판단된다[3].

⑤ 호석과 즙석을 설치하지 않았다.

⑥ 봉분내부에 배장곽을 축조하지 않는다. 하지만 6호분의 조사성과에서 6-1·2·3호분이 봉분의 주위에서 확인되고 있고, 15호분도 주위에서 51·52호분이 각각 확인되고 있다. 이러한 형태는 초대형분의 주위에 대형 또는 중소형분이 분포하고 있는 것으로, 이들은 배장묘일 가능성이 있다[4].

3. 개석

개석은 묘광과 벽석사이의 뒷채움석까지는 덮이지 않았으며, 석곽의 벽석 상부만을 덮은 구조이다. 개석과 개석사이에는 소형 할석(점판암 등)을 이용하여 1차 밀봉하였고, 그 상부는 점질토를 이용하여 2차 밀봉하였다. 석재는 대부분 점판암재이며, 일부 화강암이 이용된 경우도 있다. 매장주체부의 규모에 따라 사용된 개석의 매수가 다를 수 있지만 대체적으로 13매 내외가 사용된 것으로 추정된다.

---

3) 말이산 6호분에서 뚜렷하게 확인되었다.
4) 수장급 무덤 조영자의 생전의 위계질서가 사후세계의 표식적인 지표인 무덤에서까지 지속적인 필요성이 인정될 수 있다고 가정한다면 순장자의 동시매장, 다양하고 풍부한 유물, 무덤에서의 제의행위 등과 더불어 상정될 수 있는 것은 수장급지배자의 생전 거하와 공로자 또는 친속자들의 동일 묘역내의 '배장묘조성' 또는 '서열성을 보이는 무덤복합체(ranked mound complex)'의 조성일 것이다.
東亞細亞文化財硏究院, 2008, 『咸安 道項里 六號墳』.

〈표1〉 말이산고분군의 고총고분에서 확인된 개석 양상

	개석 수	석재	길이	너비	두께
4호분	13매	자연석(양단벽에 올려진 2매외 11매 반절)	?	?	?
5호분	8매(잔)	점판암	180~280	70~100	25
6호분	12매	점판암 10매 화강암 2매	220~295	50~120	30
8호분	13매	점판암 2/3가량 화강암	140~180	30~80	25~40
15호분	13매	점판암 화강암·5매에 1매정도	200~320	40~130	10~20
22호분	9매(10)	대부분 점판암	210~320	70~140	?
암각화고분	4매(13)	니암계 혈암	340~380	110~140	30~40

4. 벽석축조 및 묘광

　벽석은 대부분 점판암재를 이용하였으며, 일부 사암계 할석을 혼용하였다. 벽석은 매장주체부 내부를 향하는 면만을 다듬은 상태로 대부분 횡평적하였다. 묘광과 벽석사이의 공간은 벽석과 동일한 석재와 묘광 굴착 시 발생한 토재를 이용하여 뒷채움하였다.

　묘광은 너비 3~4.5m정도로 넓게 굴착하지만, 석곽의 내부는 1.6~1.9m 정도로 묘광에 비해 협소하다. 이러한 특징은 목곽묘의 전통으로 파악될 수도 있지만, 벽석이 상부의 토압을 견디게 하기위한 보강으로도 생각된다. 묘광과 벽석사이에 석재를 이용하여 벽석과 엇갈리도록 여러 겹 겹쳐 쌓고 빈 공간에 토재를 이용하여 채움을 한 형태는 매장주체부 내부로 밀려드는 토압을 견딜 수 있도록 축조한 것으로 판단된다.

　또한 양장벽의 묘광에서 단시설이 나타나며, 6호분과 18호분(경상문화재연구원)에서 뚜렷이 확인된다. 단시설은 벽석축조과정에서 만들어진 것으로 뒷채움에서 분명하게 분층이 되고, 묘광의 벽면도 단을 이루며 경사각도가 변하는 것이다. 감실(들보시설)과 거의 동일한 높이에서 확인되며, 단시설을 경계로 벽석의 축조가 달라진다. 단시설은 들보시설과 함께 확인되는 것으로 파악된다.

5. 감실(들보시설)

아라가야의 중심고분군인 말이산고분군 중 감실이 확인된 고분은 4호분, 5호분, 6호분, 8호분, 15호분, 22호분, 54호분이 있다. 또한 34호분, 51호분, 14-1호분, 14-2호분에서는 감실로 추정되는 일부의 흔적이 확인되었으나 구조가 뚜렷하지 않아 검토에는 어려움이 있다.

먼저 선학들의 연구사와 문제점 등을 정리해 보면 다음과 같다.

박경원은 4호분을 수혈계횡구식석실분으로 파악하고, 매장주체부내에 설치된 감실을 백제 무령왕릉의 현실에 설치된 화두형의 감실과 같은 기능으로 보았다. 즉 무령왕릉 현실의 벽에 5개의 화두형 감실과 그 내부에 들어있는 청자등잔에 주목하여 4호분에서 확인된 감실을 무령왕릉의 감실과 동일한 것으로 파악하였다. 또한 유물부장공간에서 출토된 화염형투창고배를 청자등잔과 같은 용도인 조명용토기로 인식하고 백제지역의 횡혈식석실에서 그 계통이 있다고 하였다.

이주헌은 말이산고분군의 발굴조사를 실시한 결과를 바탕으로 기존의 박경원의 안을 부정하고 감실의 기능을 대형개석의 안전한 설치와 반절의 방지 및 석곽내부에 안장된 주피장자와 부장유물의 완벽한 보호를 위한 특수목조가구시설이라 주장하였다. 또한 화염형투창고배는 조명용토기가 아닌 고대인의 정신세계와 관련된 불교와 연관된 것으로 파악하였다. 이러한 분석은 일제강점기에 조사된 말이산 4호분을 재검토하는 것에서 시작되었다. 그 결과 장벽에 설치된 감실은 서로 같은 높이에서 마주보는 곳에 위치하고, 단벽의 감실은 서로 좌우로 약간씩 어긋나게 설치되어 있는 점으로 보아 이를 통나무 또는 사각형의 목재로 연결하면 석곽상부의 튼튼한 목재가구시설이 된다고 파악하였다. 또한 이러한 감실의 발생은 함안지역과 창녕지역에 분포하는 자연적 지질구조의 특수성에 의한 것으로 이것은 깨지기 쉽고 반절되기 쉬운 점판암계사암으로 인해 이를 보완한 안라인의 고안해 낸 뛰어난 분묘구축공법의 하나로 파악하였다.

김행신은 8호분의 출토인골 중 순장된 1호 인골의 우측 슬개골이 좌측 관골위에 위치하는 점을 주시하여 연골조직이 거의 부식된 단계에 다시 의례행위가 일어난 것으로 파악하였다. 결국 이러한 양상은 인골의 동시매장이 아닌 추가매장을 의미하는 것으로 판단하여 8호분을 입구부가 있는 수혈계횡구식석실분으로 판단하였다. 또한 단벽에 설치된 들보시설은 입구부와 관련된 시설로 파악하고, 장벽에 설치된 감실은 등감시설로 파악하였다.

조수현은 감실이라는 용어는 그 기능에 있어서 본래의 의미와는 전혀 연관성이 없다고 파악하고, 들보를 끼우는 시설로 판단하여 들보시설로 명명하고자 하였다. 들보시설의 주기능에 대해서는 석곽내부에 목관이 설치된 점에 주목하여 목관보호시설로 추정하였다. 양장벽에 설치된 들보시설은 목관상부의 1차 보호시설이며 또한 주피장자, 유물부장, 순장자공간을 구분하는 공간분할의 표지기능과 벽석의 붕괴방지를 위한 기능을 겸한 것으로 추정하였다. 양단벽에 설치된 들보시설은 양장벽의 들보시설에 설치된 들보와 연결된 목관의 2차 보호시설로서 이 외에도 개석의 반절방지와 벽석의 붕괴에 의한 부장공간의 유물과 순장자를 보호하는 기능도 겸하고 있는 등 매우 다양한 기능을 가진 것으로 판단하였다. 그 계통에 대해서는 같은 지층인 창녕지역에서는 들보시설이 확인되지 않는 점, 개석이 점판암계 석재와 함께 화강암 석재도 존재하는 점 등을 고려하여 자체발생된 것으로 파악하였다. 하지만 기존에 제기된 개석의 반절을 막기 위해 발생하였다는 논리는 재고의 여지가 있다고 판단하고, 이 들보시설은 안라국 지배층만의 특수한 매장방법에 의한 무덤축조기법의 한 형태로 보아야 한다고 주장하였다.

이상을 종합하여 볼 때 감실의 기능에 대한 의견은 3가지로 나누어 볼 수 있다. 첫 번째는 등감시설, 두 번째는 목조가구시설, 세 번째는 들보시설이다.

등감시설은 감실내부에서 목질이나 그을음 등의 소성과 관련된 흔적이 확인되지 않았고, 백제나 고구려지역의 석실에서 확인된 등감과는 형태나 기능, 시기적인 차이를 보이므로 등감과는 차이가 있는 것으로 판단된다.

필자도 목조가구시설 또는 들보시설로 보는 것이 타당할 것으로 생각된다. 수혈식석곽묘의 경우 상부에서 가해지는 봉토압을 함안지역의 개석에서 일반적으로 사용되는 점판암계의 얇은 개석이 견디기에는 무리가 따를 것으로 판단된다. 또한 세장한 수혈식석곽묘의 내부에 목곽묘에서 확인되는 것과 같은 나무기둥을 세운다는 것도 어려움이 있다. 고총고분을 조성할 당시 주변에서 확인되는 석재를 이용하여 축조하는 경우가 대부분이기 때문에 조묘인들은 점판암의 단점을 파악하고 있었을 것이다. 이러한 문제점을 보완하기 위해 개석의 반절을 방지하는 목조가구를 설치한 것으로 판단되며, 또한 앞의 기능과 더불어 매장주체부 내부를 주피장자, 유물부장, 순장자공간으로 3등분하는 공간분할의 기능과 목관을 보호하는 시설로 사용된 것이다.

하지만 목조가구와 들보시설로 사용된 경우 주피장자와 순장자의 안치 시점이 문제가 된다. 용원리 1, 9호분의 예를 들어 석곽의 축조 과정 중에

피장자가 안치된 것으로 파악하는 경우도 있으나, 매장주체부의 형태가 말이산고분군과는 차이가 있는 것으로 생각된다. 용원리 1, 9호분의 경우 석곽 상부의 너비가 40㎝ 내외이며, 벽석 축조의 2차 공정부터 급격하게 내경하고 있다. 하지만 말이산고분군의 경우 거의 수직에 가깝게 축조되어 있다. 또한 양장벽의 각재와 벽석이 축조된 후에도 안치는 가능하다. 여기서 중요한 점은 공간이 분할된다는 것과 양단벽의 감실은 개석 바로 아래에 위치한다는 점이다.

 계통은 백제나 고구려에서 구하는 견해도 있으나 형태, 기능, 시기차 등을 고려해 보았을 때 맞지 않는 것으로 판단되며, 구조적인 결함과 장제 등을 인식한 아라가야 조묘인들의 자체적인 발생으로 보는 것이 타당할 것으

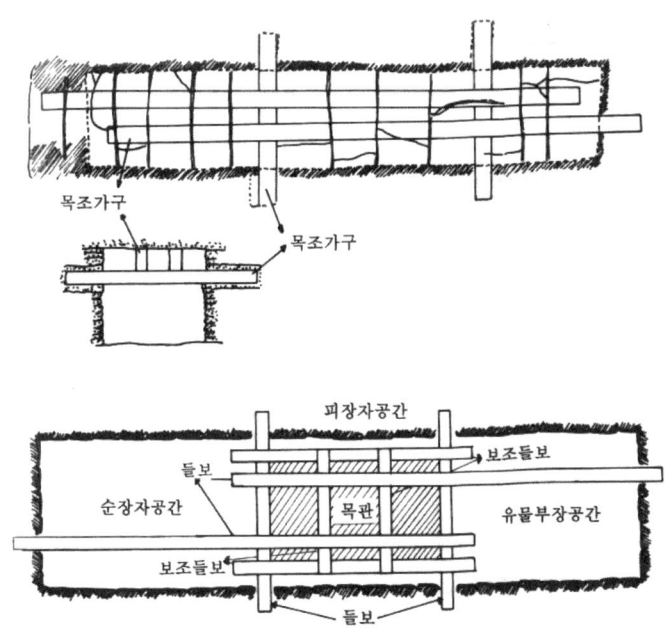

|도면 2| 말이산고분군의 들보시설 모식도 (상:이주헌, 하:조수현)

로 판단된다.

물론 장벽과 단벽에 있는 감실의 높이차가 있는 점과 이러한 높이차를 목관의 보호시설로 인식하여 각재를 양들보의 사이에 끼운다는 점도 재고의 여지가 있다. 감실이 확인된 고분은 모두 초대형급의 수혈식석곽묘이며, 현재도 봉분이 잔존하고 있다는 점은 주목된다.

고성 연당리고분군의 지표조사보고서[5]에 의하면 말이산고분군의 감실과 유사한 확인예가 있어 주목된다.

"… 구릉의 사면에 10여기의 고분이 분포하고 있다. 봉분의 크기는 직경 5m 내외이다. 고분은 거의 대부분 도굴되었는데, 내부를 볼 수 있는 1기의 경우 장축방향은 등고선과 나란하며 유구의 크기는 630×150×127cm 이다. 벽면은 모두 할석으로써 축조하였는데, 양 장벽은 상부에서 조금 내경하는 경향을 보이고 있다. 한 가지 특기할 점은 석실의 네 벽에서 감실이 확인되고 있는 점이다. 이 감실은 유구의 바닥에서 90-100cm 높이에 위치하는데, 장벽에 각 2개, 단벽에 각 1개가 서로 대칭되고 있다. 감실의 크기는 대체로 높이 30cm 폭 25cm 깊이 50cm이다. 양 장벽의 것은 개석에서 25-30cm 아래에 위치하나 단벽은 모두 개석 직하부에 있어 개석의 아랫면이 감실의 상부 역할을 하고 있다. 감실의 내부에서 다른 흔적은 확인할 수 없었다."

보고문에서 보았을 때 설치지점과 크기 등이 동일한 것으로 판단된다. 차후에 실견을 통해 검토해보고자 한다.

6. 바닥시설

바닥시설은 전대의 목곽묘와 유사한 양상으로 대부분 바닥에 10cm 내외

---

5) 경남대학교박물관, 1994, 『소가야문화권 유적정밀지표조사보고』 p.91~93.

의 자갈돌 또는 할석편을 깔아 시상(관대)으로 사용하였다. 이러한 형태는 다시 바닥전면에 시상(관대)한 것과 피장자공간에만 시상(관대)한 것으로 나누어진다. 바닥의 전면에 자갈을 간 형태는 5호분, 8호분, 파괴분, 22호, 암각화고분, 14-2(창)호분에서 확인된다. 바닥의 전면에 자갈돌을 간 형태는 전대의 목곽묘에서 확인된 것으로 수혈식석곽묘의 출현기에 주로 확인된다. 피장자공간에만 시상을 설치한 형태는 4호, 6호(동아세아), 16호, 54호, 15호, 14-1호(창), 마갑총 1호석곽묘, 도항리 3호(경)가 있다.

바닥의 상면에서 확인된 못과 꺾쇠, 목질흔 등을 통해 관과 곽을 추정해 볼 수 있지만, 출토상태와 출토지점이 명확하지 않아 관, 곽의 복원은 어려운 실정이다. 하지만 석곽의 벽석에 붙어서 일부 꺾쇠와 못이 확인되는 점은 목곽의 존재를 상정할 수 있는 것으로 생각된다. 또한 그 내부에서 일부 꺾쇠와 못이 확인되는 것으로 보아 목관 등의 시설이 있었던 것은 분명하다. 즉 대형의 석곽묘내부에서는 1곽 1관의 시설이 있었을 것으로 추정된다.

목곽묘에서 확인된 전면에 자갈을 간 후 상부에 凹자상의 시상(관대)을 설치한 형태의 석곽묘는 확인되지 않는다. 하지만 동시기의 부산 복천동고분군의 경우는 목곽묘에서 다수 확인된 凹상의 구조가 석곽묘에서도 뚜렷하게 이어지고 있다. 이 같은 사실은 부산·김해지역과의 구조적인 차별성을 보여주는 것으로 판단된다.

7. 순장

순장자 인골의 출토상태를 보면 매장주체부 내부의 너비가 160㎝를 넘는 유구에서는 순장자 인골이 유구의 횡방향으로 출토되는데 반해 그 이하의 유구에서는 종방향으로 출토되는 차이점이 확인된다.

말이산고분군의 고총고분에서 순장은 다수 확인된다. 말이산고분군의 순장은 5세기 3/4분기부터 고총고분의 출현과 함께 등장한다. 이 시기의 순장양상은 주피장자의 족하부(남쪽)에 순장자 5명을 직교하게 배치하는 형태이다. 이 후 6세기가 되면 순장의 인원수가 감소하며, 배치에 있어서도 주피장자와 동일한 방향인 평행한 배치를 보인다. 이러한 현상은 후장에서 박장으로 변화하는 사회관념의 변화로 생각된다.

말이산고분군의 순장의 출현에 대해 2가지의 견해가 있다. 전자는 앞에서 살핀 고총고분의 등장과 함께 출현한다는 것이다. 후자는 석곽묘 내 공간분할이 되어 있는 점에 착안하여 대형급 목곽묘인 43호분과 48호분 및 마갑총과 말산리 파괴분도 그와 유사한 상태의 공지가 드러나 있어서 거기에도 순장처로 기획하였을 가능성을 완전히 배제하기는 어려울 것으로 보았다. 또한 조사과정에서 순장의 적극적인 증거인 인골이 보이지 않은 점은 마찬가지로 주피장자의 자리에도 인골이 남아 있지 않으므로 그것으로 순장자가 없었다고 단정지을 수는 없다고 주장한다.

석곽묘 내에 3개의 공간분할이 되어 있는 점은 분명하다. 주축방향이 남-북으로 되어 있고, 중간의 주피장자를 중심으로 머리쪽인 북쪽은 유물, 발치쪽인 남쪽은 순장자가 배치되어 있다. 이러한 형태를 감안하면 말산리 파괴분이 현재까지 확인된 순장묘 중 가장 이른 시기의 것으로 생각된다. 대형의 목곽묘에서는 순장이 확인된 석곽묘와 같이 정연한 배치가 확인되지 않고 있고, 착장유물과 인골 등이 없는 것으로 보아 목곽묘에서는 순장의 가능성은 낮은 것으로 판단된다.

〈표 2〉 말이산고분군에서 확인된 고총고분의 양상

묘광	매장주체부	면적	장단비	감실	뒷채움석	매장공간	주축방향	순장(인)
4호분	?	970×172×166	5	5.6:1	○	○	북-유물 중-주피장자 남-순장자	남-북	4~5
5호분	1080×350	710×158×160	3.2	4.5:1	○	○	북-유물 중-주피장자 남-유물	남-북	2
6호분	1400×430	970×190×170	5.6	5.7:1	○	○	북-유물 중-주피장자 남-순장자	남-북	5
8호분	1300×350	1100×185×190	6.2	5.9:1	○	○	북-유물 중-주피장자 남-순장자	남-북	6
15호분	1120×350	910×185×200	5.1	4.9:1	○	○	북-유물 중-주피장자 남-순장자	남-북	3~4
22호분	1400×450	900×180×200	5	5:1	○	○	북-유물 중-주피장자 남-순장자	남-북	3
암각화 (34호분)	1260×350	1060×170×150	5.5	6.2:1	○	○	북-유물 중-주피장자 남-순장자	남-북	2

Ⅲ. 맺음말

아라가야의 고총고분축조에 보이는 특징을 정리하면서 마무리하고자 한다.

봉분의 조성에 있어서는 호석을 설치하지 않은 것이 특징적이며, 대규모의 봉토작업에 비해 다양한 성토방식을 사용하지 않았다. 봉분의 내부에 순장곽 또는 배장묘를 축조하지 않고 주변에 조성한 단독곽의 형태이다.

개석과 벽석의 축조에 사용된 석재들은 대부분 점판암으로 압력이나 강도에 약한 특징이 있다. 이런 석재의 취약점을 보완하기 위해 들보시설(감실)이나 단시설, 묘광과 벽석과의 공간을 넓게 하여 그 공간에 다량의 석재와 판축에 가까운 뒷채움을 하였다. 석곽의 길이는 길어져도 너비는 일정하게 유지되어 극세장한 형태의 석곽이 계속적으로 축조된 것 또한 석재의 영향으로 판단된다.

매장주체부의 내부는 3개의 공간으로 뚜렷이 구분되며, 방향 또한 동일하다. 즉 북-유물, 중앙-피장자, 남-순장자의 순서로 나타난다. 이러한 공간의 분할에 기준이 되는 것은 들보시설이며, 들보시설의 횡가된 각재의 범위가 바닥시설의 자갈돌이 없는 부분과 일치한다.

목곽묘단계에서는 아라가야와 금관가야의 묘제가 다수의 유사성이 확인되지만, 이후 고총고분의 출현부터는 매장주체부의 평면형태와 구조, 공간의 분할 등에서 확연한 차이를 보인다.

고고학적인 증거들을 바탕으로 토목공학적인 부분을 이해하고 복원해 보려고 하였으나 아직은 미숙한 지식으로 억지와 무리가 있었다.

〈참고문헌〉

-보고서-
경남고고학연구소, 2000, 『도항리・말산리 유적』.
경남대학교박물관, 1994, 『소가야문화권 유적정밀지표조사보고』.
경남발전연구원 역사문화센터, 2004, 『함안 말산리 451-1번지 유적』.
경상문화재연구원, 2011, 『함안 도항리 고분군 -도항리 428-1번지 일원-』.
공주대학교박물관, 2000, 『용원리 고분군』.
국립창원대학교박물관, 1995, 『아라가야문화군 유적 정밀지표조사보고(함안군의 선사, 고대유적)』.
_____, 1996, 『함안 아라가야의 고분군(1) -도항리・말산리 고분군 정밀조사보고-』.
국립창원문화재연구소, 1996, 『함안 암각화 고분』.
_____, 1997, 『함안 도항리 고분군Ⅰ』.
_____, 1999, 『함안 도항리 고분군Ⅱ』.
_____, 2000, 『함안 도항리 고분군Ⅲ』.
_____, 2001, 『함안 도항리 고분군Ⅳ』.
_____, 2002, 『함안 마갑총』.
_____, 2004, 『함안 도항리 고분군Ⅴ』.
동아세아문화재연구원, 2007, 『함안 도항리 택지개발사업지구내 문화유적 발굴조사 보고서』.
_____, 2008, 『함안 도항리 6호분』.
_____, 2008, 『함안 도항리 6-1호분』.
_____, 2009, 『김해 죽곡리 유적Ⅰ』.

- 논문-
김수환, 2010, 「아라가야의 순장 -대형 순장묘를 중심으로-」, 『영남고고학 55』, 영남고고학회.
김세기, 2004, 「묘제를 통해 본 안라국」, 『제4회 아라가야사 학술대회발표요지』, 함안문화원.
김정완, 1994, 「함안지역 도질토기의 편년과 분포변화」, 경북대학교석사학위논문.
김재현, 2002, 「함안 도항리 8호분의 매장 프로세스」, 『역사고고학지 17,18 합집』,

동아대학교박물관.

박경원, 1974, 「함안지역의 조명용토기」, 『우헌 정중환박사 환력기념논문집』.

박미정, 2006, 「삼국시대 봉토분 조사방법론」, 『야외고고학』창간호, 한국문화재조사연구기관협회.

박성훈·김재영·조영한, 2010, 「수혈식석곽묘 조사방법에 대한 검토 -'함안 도항리 삼양인트로빌신축부지 내 유적' 예를 중심으로-」, 『야외고고학 제9호』, (사)한국문화재조사연구기관협회.

이재현, 2004, 「고대 남동해안지역의 묘제양상」, 『고대의 남동해안 국가형성』, 복천박물관.

이주헌, 1996, 「말이산 34호분의 재검토」, 『석오윤용진교수정년퇴임기념논총』.

_____, 1996, 「함안 말이산고분군의 발굴조사와 성과」, 『4·5세기의 한일고고학』, 제2회 영남고고학회·구조고고학 합동고고학대회.

_____, 2000, 「아라가야에 대한 고고학적 검토」, 『아라가야사의 재구성』, 부산대학교 한국민족문화연구소.

_____, 2009, 「삼국시대 석곽묘의 연구와 조사방법 -영남지방의 수혈식석곽묘를 중심으로-」, 『한국매장문화재 조사연구방법론』5, 국립문화재연구소.

이현주, 2006, 「꺾쇠의 사용례로 본 4세기대 영남지역 목곽묘의 구조 복원」, 『석헌 정징원교수 정년퇴임기념논총』, 부산고고학연구회 논총간행위원회.

이희준, 1990, 「해방기의 신라·가야고분 발굴방식에 대한 연구」, 『한국고고학보』24, 한국고고학회.

조수현, 2004, 「가야묘제의 감실 재검토」, 『영남고고학보』35, 영남고고학회.

_____, 2004, 『함안지역의 수혈식 석곽묘』, 특별전 도록, 함안: 함안박물관.

_____, 2004, 「함안지역의 고분문화」, 『가야문화』16, 가야문화연구원.

_____, 2005, 「함안지역 고분문화의 전개양상」, 『동아문화』창간호, 동아문화연구원.

조영제, 1994, 「아라가야의 고고학」, 『제1회 아라가야사 학술토론회 발표요지』, 함안문화원.

_____, 2007, 「서부경남 가야 수혈식석곽묘의 수용에 관한 연구」, 『영남고고학보』40, 영남고고학회.

조영현, 2006, 「가야의 묘제에 나타난 전환기적 특징과 양상」, 『가야와 그 전환기의 고분문화』, 국립창원문화재연구소.

홍보식, 1992, 「영남지역 횡구식·횡혈식석실분의 형식분류와 편년」, 부산대학교 석사학위논문.
_____, 1994, 「수혈식석곽묘의 형식분류와 편년」, 제3회 영남고고학회 학술발표회, 영남고고학회.

阿羅加耶와 大加耶

박천수(경북대학교 인문대학 고고인류학과)

Ⅰ. 머리말

阿羅加耶는 『삼국지』 위서 동이전 한조에는 변한 12국 가운데 安邪國으로 나온다. 안야국은 이미 이 시기 김해의 구야국과 함께 진왕으로부터 優號를 받는 유력한 세력으로 성장하였다. 『광개토왕비』에는 安羅, 『日本書紀』에는 安羅國으로 표기되어 있다. 그럼에도 종래 아라가야는 김해 금관가야에 비해 그 위상은 평가 절하되어왔다. 이는 김해시 대성동고분군과 같은 왕묘가 조사되지 않는 것에 기인한다.

그러나 발표자는 문헌사료와 함께 4세기 함안산토기가 영남 전역으로 확산하는 것에 주목하여, 아라가야를 금관가야와 함께 가야전기의 중심국으로 보았다. 아라가야는 400년 고구려 남정 이후 함안산 토기의 분포 범위가 축소되는 것에서 일시적으로 쇠퇴하였으나, 5-6세기 도항리고분군의 위용으로 볼 때 가야 후기에도 역시 중심국으로 건재한 것으로 파악하였다.

한편 大加耶는 가야 전기에는 소국에 불과하였으나, 『南齊書』에 479년 대가야의 국왕 荷知가 남제에 통교하여 보국장군 본국왕이라는 책호를 받은 기사가 보이고, 대가야양식의 문물이 황강수계, 남강중상류역, 섬진강수계, 남해안일대, 금강상류역에 걸친 점에서 가야 후기의 중심국으로 성장한 것으로 보았다.

본 발표에서는 고고자료를 통하여 먼저 아라가야와 대가야의 성장과정에 대하여 살펴보고, 그리고 가야 후기의 중심국인 양자의 위상과 관계에 대하여 접근하고자 한다.

II. 阿羅加耶의 형성과 전개

아라가야의 왕묘를 포함하는 도항리고분군에서는 김해시 양동리고분군과 대성동고분군에서 발굴된 4세기의 대형 목곽묘가 확인되지 않아 가야전기 아라가야세력의 활동과 그 위상을 알 수 없으나 토기양식의 분포에서 그 내용을 살필 수 있다.

아라가야양식의 공자형고배, 통형고배, 노형기대, 승석문호는 3세기부터 4세기 후반까지 남강과 황강수계, 낙동강상류역을 포함하는 광역분포권을 형성한다.

승석문호는 다른 기종과는 달리 확실히 함안지역에서 제작되어 주목되는 기종이다. 함안 지역산 승석문호는 기벽이 매우 얇고 고화도로 소성한 것이 특징이다. 동부의 함몰된 동부, 타원형의 구연부와 동부 측면의 중첩 소성흔으로 볼 때 횡치하여 소성한 것으로 파악된다. 더욱이 이 승석문호는 같은 시기의 창녕군 여초리요지, 대구시 신당동요지, 경산시 옥산동요지 등에서 보이지 않는 특수한 陶符號가 시문된 경우가 많아 그 식별이 아주 용이하다.

도부호는 함안군 우거리요지에서 다수 확인되었으며 공인이 제작한 토기를 구별하기 위해 시문한 것으로, 그 종류는 최소 8종 이상으로 보고 있다. 아라가야양식의 승석문호는 횡치 소성하는 것과 도부호를 새긴 것이

특징이다

　아라가야양식의 승석문호는 3세기 중엽 함안지역의 도항리(문)35호분에서 출현한다. 승석문호는 3세기 후엽 김해지역의 대성동59호분, 대구지역의 문양리65호분, 울산지역의 중산리75호분에서 확인된다. 이러한 승석문호가 함안산인 것은 다른 지역이 함안지역보다 늦은 시기에 부장되는 점에서도 방증된다. 그러나 아직 광역 분포권을 형성하지 못한 것으로 본다.

　3세기 말 승석문호는 김해시 구지로1호분에서 보이고 경주시 구정동고분의 3호곽에서는 횡치소성흔이 보이는 함안산의 소문호가 확인되기 때문에 아라가야세력이 김해지역과 울산지역을 거쳐 경주지역을 연결하는 관계망을 형성한 것으로 본다. 이와 동시에 낙동강을 통하여 대구지역을 연결하는 관계망을 형성한 것으로 볼 수 있다.

　4세기 초 승석문호를 비롯한 함안산 토기가 영남지역 전역과 전남지역의 남해안일대와 전북지역의 호남동부에 출현한다.

　이 시기 횡치소성흔과 도부호가 시문된 승석문호는 김해지역의 대성동13호분, 퇴래리7호분, 예안리92,93,118호분, 부산지역의 복천동54호분, 진주지역의 무촌리2구13호분, 2구39호분, 3구124호분, 합천지역의 옥전25호분, 저포리A지구8,30,31호분, 대구지역의 비산동1,3호분, 문양리20,30호분, 칠곡지역의 심천리50호분, 경주지역의 구정동3호분 등에 부장되었다. 그 외 도부호가 시문되지 않았으나 함안산으로 파악되는 승석문호는 김해시 대성동고분군, 합천군 옥전54호분, 경주시 구어리1호분 등이 있다.

　칠곡지역의 수장묘인 심천리50호분에서는 도부호가 시문된 승석문호뿐만 아니라 기하학적 문양이 시문된 개가 공반된 대부호를 포함한 부장토기 대부분이 함안지역에서 이입된 것으로 보여 주목된다. 또한 대구시 비산동고분군(영)3호목곽묘에서도 마찬가지로 토기의 대부분이 함안지역산이고 합천군 옥전고분군의 수장묘인 옥전54호분에서도 동일한 양상이 관찰된다.

이와 같이 금관가야의 대수장묘인 대성동13호분, 동래지역의 대수장묘인 복천동38호분, 다라의 대수장묘인 옥전54호분, 대구지역의 수장묘인 비산동(영)3호목곽묘에 함안산토기가 부장된다. 더욱이 이 시기 함안산토기는 여수시 고락산성에서 확인된 고지성취락의 3호주거지, 해남군 신금55호주거지, 남원시 아영지역, 공주시 남산리고분군 등에서도 출현한다. 이 시기는 3세기 말에 성립된 아라가야양식의 승석문호, 장각노형기대, 공자형고배가 영남 전역으로 이입되며 각지에서 이를 모방한 토기가 제작된다.

더욱이 함안산토기는 가야지역 뿐만 아니라 경주시 구정동3호분, 구어리1호분, 울산시 중산리75호분과 같은 신라지역의 수장묘에서도 부장되어 주목된다.

이와 같이 함안지역산 토기가 가야 신라지역의 수장묘와 낙동강수계, 남강수계, 황강수계와 남해안일대의 교통로에 연한 거점 취락에 주로 이입되는 것은 아라가야를 중심으로 한 지역간 경제적인 관계망뿐만 아니라 수장간의 정치적인 관계를 분명히 반영하는 것으로 본다. 아라가야를 중심으로 한 관계망의 성립은 4-5세기 이 지역의 고분에서 철정과 이를 가공한 유자이기가 다수 출토되는 것에서 철생산과 지리적인 이점을 살린 유통을 배경으로 하는 것으로 추정된다. 이는 4세기대 왕묘인 앞으로 대형 목곽묘의 조사에 의해 밝혀질 것으로 기대된다.

안야국에서 아라가야로의 성장은 아라가야양식 토기의 분포로 볼 때 함안지역을 중심으로 한 광역 관계망이 이와 같이 남강수계, 황강수계, 섬진강수계, 낙동강수계, 남해안일대에 형성되는 4세기 초를 전후한 시기로 본다.

4세기 후반에는 함안산 토기의 이입이 줄어드나 각 지역에서 이를 모방한 토기가 활발하게 제작된다. 이는 아라가야양식 토기가 일시적으로 이입되는 것이 아니라 각 지역의 토기 생산에 까지 영향을 미쳤음을 알 수 있다.

4세기 후엽의 고성군 송학동1호분 분구 하층에서 발견된 1E호분에서는 아라가야양식의 통형고배, 장각노형기대, 통형기대가 부장되었다. 고령군 쾌빈동12호분에서도 아라가야양식의 장각노형기대와 양이부호가 부장된 것이 확인된다. 이는 5세기 전반 포상팔국의 중심세력인 고성 소가야세력과 5세기 후반 가야의 중심국인 고령 대가야세력조차도 이 시기에는 아라가야의 관계망 속에 포함되어 있었음을 알 수 있다.

5세기 초 아라가야양식 토기는 남강하류역을 제외하고 낙동강상류역, 남강상류역, 황강수계, 남해안에 반출되지 않는다. 이 시기 아라가야를 중심으로 한 관계망이 쇠퇴하는 것은 400년『광개토왕비』경자년조 安羅人戍兵기록 또는『삼국사기』의 포상팔국난과 관련된 것으로 추정된다. 왜냐하면 이 시기를 전후하여 돌연 아라가야를 중심으로 한 관계망이 쇠퇴하고 이를 대신하여 포상팔국난의 중심세력인 소가야가 이를 대신하는 것에서 그러하다.

이 시기 아라가야 권역은 함안분지와 진동만 주변으로 파악된다. 서쪽은 4세기대 아라가야양식 토기가 집중 이입되던 진주시 무촌리고분군 일대가 5세기에 소가야양식 토기의 분포권에 속하는 것으로 보아 이 부근을 경계로 하는 것으로 본다. 그 동쪽은 칠원분지에 5세기 전반 소가야양식 토기와 창녕양식 토기가 집중 출토되는 것에서 함안분지의 동변을 경계로 한다.

그런데 5-6세기 가야지역 내에서 함안군 도항리고분군이 고령지역의 지산동고분군 다음가는 대규모인 점에서 가야 후기에도 아라가야의 위상은 지속되었음을 알 수 있다.

도항리고분군의 왕묘를 포함하는 고총의 조영과정은 다음과 같다.

5세기 전반에는 1-1호분 출토 토기로 볼 때 1호를 중심으로 북쪽 구릉 단부에 조영된 것으로 본다.

5세기 중엽에는 북쪽 구릉 중앙부 입지가 탁월한 곳에 왕묘급 고총인 4(구34)호분이 조영된다. 그런데 같은 시기에 조영된 도항리8호분, 도항리 6호분의 경우 입지는 4호분에 비할 수 없으나, 수혈식석곽의 규모가 10m 내외이고 5, 6인이 순장된 점이 주목된다. 즉 4호분과의 격차가 보이지 않고, 더욱이 부장품 질과 양도 이에 필적하기 때문이다. 도항리8호분에서는 금동제 대장식구와 행엽, 마갑과 마주 2령, 갑주, 유자이기, 철정이 출토되었다.

이와 같이 3기의 왕묘급 고총은 같은 소구릉상에 입지하고 모두 동일한 규모인 점에서 왕묘의 격절성은 찾아보기 어렵다. 또한 같은 규모의 고총이 여러 소구릉에 분지되어 조영된 것이 특징이다.

5세기 후엽에는 구릉 중앙부에 15호분을 비롯한 13호분 등이 조영된다. 이 시기에도 같은 규모의 고총이 여러 소구릉에 분지되어 조영된다.

6세기 초에는 22호분, 30호분을 비롯한 고총이 조영된다. 이 시기에도 이전시기와 같은 양상이 확인된다.

6세기 전엽에는 남쪽 구릉 단부에 35호분을 비롯한 고총이 조영되며 규모가 축소된다.

6세기 중엽에는 도항리고분군의 조영이 중지된다.

아라가야는 함안 성산산성 목간으로 볼 때 562년 이전에 이미 신라에 의해 멸망한 것으로 파악되며 이와 함께 도항리고분군의 조영이 정지된다.

Ⅲ. 大加耶의 형성과 전개

대가야의 왕묘를 포함하는 지산동고분군은 북쪽에서 흘러오는 대가천과 서쪽에서 흘러오는 안림천이 합류하는 고령 분지의 배후 구릉 위 대가야의 도읍지였던 고령읍을 한 눈에 내려다볼 수 있는 곳에 위치하고 있다. 지산동고분군은 5세기 초부터 6세기 후반까지 조영된 가야지역 최대 규모의 고분군이다.

여기에서는 지산동고분군의 성립과 전개 과정을 살피면서 대가야권역의 형성과정과 배경에 대해 논의하고자 한다.

5세기 전엽 남쪽 가지 능선 말단부에 30호분과 73호분, 75호분이 축조된다. 척릉 말단부에 조영된 55호분도 위치로 볼 때 같은 시기로 파악된다. 이와 함께 척릉 중하위에 위치한 35호분이 약간 이른 시기에 축조된다. 이 시기에 남원시 아영지역, 장수군 삼고리고분군 출토품에서 알 수 있듯이 남강 수계와 금강상류역에 고령지역산 토기가 이입된다. 이는 대가야가 이 시기 소가야세력과 관계망을 형성하고 있었던 양 지역과 교섭을 개시한 것과 대가야의 진출 방향을 알 수 있게 한다.

5세기 중엽에는 척릉 중하위에 32~34호분 등이 조영된다. 이 시기 고령 대가야양식 토기와 묘제, 매장의례, 장신구, 무기, 무구, 마구, 농공구 등이 경남 서부지역뿐만 아니라 호남 동부지역으로 확산된다.

5세기 후엽에는 32~35호분과 44호분 사이 척릉에 87호분, 96호분, 97호분이 조영되고 동시에 그 동쪽 가지 능선에 77호분 등이 축조되는 것으로 볼 때 아직까지 특정 수장계보에 의한 왕권의 장악은 확인되지 않는다.

이 시기 황강수계에서는 하류역의 옥전M3호분과 70호묘에서, 중류역의 반계제고분군과 중반계고분군에서 확인되듯이 수장묘뿐만 아니라 일반 성원묘까지 대가야양식의 토기가 일색으로 부장된다. 반계제고분군에서는 대가야산의 금동제 관모부주, 금제 수식부이식와 은장 오각형환두대도, 내만타원형경판비 등이 출토되었다. 합천군 옥전고분군에서는 이제까지 창녕산토기와 함께 신라산 금동제 위신재가 부장되었으나 이 시기 M3호분에서는 대가야양식 토기와 함께 금동제 용봉문환두대도, 금동제 갑주,

마구, 철제 무구, 무기가 부장된다. 이는 대가야가 황강하구를 통하여 낙동강이동지역과 교섭하면서 독자적으로 활동해온 옥전집단 즉 다라국에 대해 대가야가 영향력을 행사할 수 있게 된 것으로 본다.

그리고 남강상류역에 위치하는 함양군 백천리1호분에서도 대가야양식 토기와 대가야산의 금제 수식부이식과 은장 오각형환두대도, 내만타원형 경판비 등이 부장된다. 인접한 남원 아영지역의 월산리M5호분에서는 청자 계수호가 부장되어 주목된다. 이 계수호는 중국 南朝산으로 공반된 토기와 부장품이 대부분 대가야산인 점에서, 479년 南齊 遣使 전후 대가야로부터 사여된 것으로 본다.

5세기 말에는 척릉 정상부에 인접하여 대형분인 44호분이 축조되고, 77호분이 위치하는 같은 능선의 상위와 도로 건너 남쪽일대의 고분이 조영된다. 이 시기를 전후하여 섬진강수계와 금강수계를 연결하는 교통의 결절점인 남강수계의 남원 아영지역에서 수장묘역인 월산리고분군의 조영이 정지되고 새로이 두락리에 고총이 조영된다.

이 시기 직경 10~20m의 분구를 가진 수기의 고총과 다수의 목곽묘, 수혈식석곽묘로 구성된 순천시 운평리고분군에서는 이 시기의 대가야양식 토기와 금제 수식부이식, 묘제가 확인되어 주목된다.

M2호분에서는 고령지역산 대형 통형기대가 봉토상에서 출토되어 고령지역과 동일한 묘전제사가 행해진 것으로 본다. 고령지역산 통형기대는 고령군 지산동30호분, 32호분, 44호분, 합천군 옥전M4호분, 반계제다A, 가B호분, 남원시 두락리1호분, 의령군 경산리1호분 등에서 출토된 대가야권역 수장묘의 제사에 사용되는 특수한 제기이다. 또한 이 고분에서는 고령지역산 금제 수식부이식이 출토되어 주목된다. 왜냐하면 금제 수식부이식은 종래 확인된 장수군 봉서리고분군 출토품과 곡성군 방송리고분군 출토품이 대가야산인 점과 대가야산 위신재가 섬진강수계를 따라 남해안 일대까지

이입된 것을 방증하기 때문이다.

최근 하동군 흥룡리고분군에서 5세기 말 대가야양식의 토기가 부장된 대가야형 수혈식석곽이 20여기 조사되었다. 특히 대가야양식 토기는 고령지역에서 제작된 토기가 다수를 차지하는 점이 흥미롭다. 이로서 섬진강수계와 남해안이 연계되어 대가야권역을 형성하였음이 증명된 것이다.

6세기 초에는 척릉 정상부 직하에 대형분인 45호분과 그 정상부의 가장 남쪽에 구39호분이 조영되고 도로 건너 남쪽 고분군이 본격적으로 축조된 것으로 파악된다.

종래 지산동고분군은 44호, 45호분과 32~35호분의 조사에 의해 왕묘가 척릉을 따라 一系로 축조되어 간 것으로 인식되어왔다. 그런데 척릉의 동쪽에 위치하는 3곳의 가지 능선상에서 중형분인 30호분과 73호분, 75호분, 55호분이 확인되어, 5세기 전반에는 32-35호분과 거의 동시에 4기 이상의 수장묘가 조영된 것으로 파악된다.

여기에서 무엇보다도 주목되는 것은 이러한 30호분급 이상의 고총이 복수 존재하는 것이다. 이 시기 지산동고분군에 수장급 고총이 복수 조영된 것은 대가야의 대내외적 성장이 대가천, 안림천, 회천 수계의 제 집단의 통합에 의한 것임을 보여준다.

왜냐하면 한 지구의 세력이 단독으로 조영한 것으로 보기에는 같은 시기 지산동고분군에서 수장묘의 수가 너무 많고, 또한 주변 고분군에 이 시기의 수장묘가 확인되지 않기 때문이다. 즉 본관동고분군, 박곡리고분군, 월산리고분군, 도진리고분군 등에서는 5세기 후엽 이전 수장묘인 고총이 확인되지 않는다.

5세기 말 지산동고분군에서는 척릉 정상부 직하에 44호분이 조영된다. 이 고분은 1기의 대형 주곽과 2기의 대형 부곽을 중심으로 주위에 방사상으로 32기의 순장곽을 배치한 구조로서, 순장자는 주곽과 부곽에서도 확인되어 모두 35인 이상이 순장된 것으로 파악된다. 또 부장품으로 일본 奄美諸島산 야광패와 백제산 동완 등 외래의 위신재가 포함되어 있다. 이 지산동44호분에서는 전시기의 지산동고분군에서 볼 수 없었던 비약적인 발전이 간취된다. 그 뿐만 아니라 이 고분은 대가야권의 같은 시기 多羅國의 왕묘급 고총인 합천군 옥전M4호분뿐만 아니라 阿羅加耶의 왕묘급 고총인 함안군 도항리4호분과 小加耶의 왕묘급 고총으로 추정되는 고성군 송학동1호분에 비해 2기의 부곽을 가진 것, 순장자 수와 신분, 부장품의 질과 양에서 격절한 존재인 점이 주목된다.

그런데 44호분이 축조되는 시기에는 지산동고분군에서 이에 필적하는 대형분이 더 이상 가지 능선에서 조영되지 않는다. 더욱이 이 시기부터 본관동고분군, 박곡리고분군, 월산리고분군, 도진리고분군에서 수장묘인 고총의 조영이 개시되는 것이 주목된다. 이는 5세기 후엽까지 지산동고분군의 가지 능선에 고분을 조영하였던 대가천, 안림천, 회천수계의 수장이 본거지에 수장묘를 조영하기 시작한 것으로 파악된다.

그래서 5세기 말부터 지산동고분군은 비로소 특정 수장계열의 왕묘역을 중심으로 축조된 것으로 본다. 이는 복수 집단의 공립에 의했던 왕권이 특정 수장계열에 고정되는 과정을 반영하는 것으로 파악된다. 특히 이 시기는 대가야가 479년 南齊에 遣使한 직후인 점에서 대가야는 내·외적으로 획기적인 발전기로 평가된다.

더욱이 6세기 초 지산동고분군의 척릉 정상부에 구39호분을 위시한 초대형분이 일계로 조영되는 것은 지산동고분군의 최정상부에 누세대적인 왕묘역이 형성되는 것은 왕권이 안정된 것을 웅변하는 것이다. 더욱이 이와 같이 6세기의 척릉 정상부에 누세대적으로 축조된 왕릉군은 규모의 차이는 있으나 신라의 왕릉군인 경주시 서악동고분군의 조영 원리와 흡사한 점에서 대가야 왕권의 존재 양태를 알 수 있게 한다.

지산동고분군은 가야후기 중심국으로 성장한 대가야의 발전과 위상을 나타내며, 현재의 고령지역을 중심으로 합천, 성주 일부를 포괄하는 대가천, 안림천, 회천 수계를 통합한 대가야의 정치적 기념물로서 조영된 것으로 추정된다. 지산동고분군은 조영의 개시와 함께 대가야세력이 경남 서부지역과 호남 동부지역으로 진출하고, 전성기에는 능선의 정상부에 초 대형분이 조영되다가, 562년 대가야 멸망후 왕묘역으로서 終焉을 맞이한다.

Ⅳ. 安羅加耶와 大加耶

4세기 아라가야양식 토기는 남강유역의 경우 중류역의 산청, 삼가지역에서 출토되며 황강유역에서도 그 중류역의 합천군 저포리지역에서 노형기대, 발형기대, 고배, 양이부승석문호와 같은 기종조합이 일치하고 그 형식변화가 아라가야양식과 유사하여 남강, 황강수계와 남해안 일대를 포함하는 광역분포권을 형성하였음을 알 수 있다.

더욱이 아라가야양식 토기는 금관가야권과 신라권인 경주지역을 비롯한 영남 전역에 걸쳐서 확산되고 이들 지역의 토기 제작에도 영향을 주었다. 특히 부산시 복천동54호분, 57호분, 60호분, 김해시 대성동13호분, 18호분, 합천군 옥전54호분, 대구시 비산동(영)2호목곽묘, 칠곡 심천리54호분, 경주시 구정동3곽, 구어리1호분, 울산시 중산리75호분과 같은 수장묘에서 다수 출토되는 것으로 보아 아라가야양식 토기는 수장간 정치적 교섭에 의해 유통된 것으로 본다.

그리고 여수시 고락산성과 순천시 횡전면, 해남군 신금55호주거지 등 남해안에 연하여 분포하는 것이 주목된다. 더욱이 공주시 남산리유적에서 출토된 바 있어 금강수계의 백제지역으로까지 반출된 것으로 파악된다.

이와 함께 승석문양이부타날호를 비롯한 아라가야양식 토기가 長崎縣 大將軍山고분, 原の辻유적, 福岡縣 三雲유적, 東下田유적, 西新町유적, 愛媛縣 猿ヶ谷2호분 분구, 船ヶ谷유적, 香川縣 宮山요, 京都府 市街유적 등에서 확인된다. 이는 금관가야양식 토기가 일본열도에서 주로 畿內와 東海지방에 주로 출토되는 것과 대비되는 것으로, 이 시기 금관가야와 더불어 가야전기의 중심국인 아라가야도 일본열도와의 교류의 한 축을 형성한 것을 보여준다.

아라가야양식 토기가 낙동강중상류역, 남강, 황강수계와 남해안 일대에 걸쳐 광역분포권을 형성하였던 데 반해, 금관가야양식 토기의 특징적인 기종인 노형기대, 고배는 옛 김해만 일대, 진영 일대, 낙동강 하류역의 동안, 온천천 주변의 동래지역으로 국한되는 좁은 분포권을 형성하고 있는 것이 주목된다.

더욱이 5세기대 대국으로 성장하는 고성 소가야와 고령 대가야의 경우도 아라가야양식 토기의 분포로 상정되는 그 관계망 속에 속해 있는 점에서 이 시기 아라가야 세력의 위상을 알 수 있다.

아라가야양식 토기의 광역분포권은 그 세력이 남강하류역에서 수계를 거슬러 올라가 금강상류를 통해 백제지역과 교섭하였을 뿐만 아니라, 동시에 일본열도와도 활발히 교섭하였음을 보여준다. 더욱이 아라가야세력은 내륙교역의 회랑과 같은 남강수계를 통해 금강유역과 남해를 연결해 백제와 왜를 중계하는 역할을 한 것으로 본다.

아라가야양식 토기의 분포권으로 유추되는 광역 관계망은 아라가야가 금관가야와 함께 가야 전기에 양대 세력이었음을 보여준다. 특히 아라가야양식 토기가 가야뿐만 아니라 신라의 수장묘에 다수 부장된 것은 이를 방증하는 것이다. 그래서 이와 같은 한반도 남부에 형성된 아라가야의 독자적인 광역 관계망과 일본열도 각지에 출토되는 아라가야양식 토기로 볼 때, 금관가야를 중심으로 한 일본열도와의 교섭 독점과 이를 기반으로 한 단일 연맹체설 및 금관가야 중심의 연맹체설은 인정하기 어렵다. 이는 아라가야가 『삼국지』위서 동이전 한조에 변한12국 가운데 安邪國으로 나오며, 안야국은 이미 이 시기 김해의 구야국과 함께 진왕으로부터 優號를 받는 유력한 세력이기 때문이다. 그래서 함안양식 토기의 확산은 종래 고고자료에 의존한 일방적인 금관가야 우위론에 배치되는 것으로서, 문헌사료에서 유추되는 아라가야를 중심으로 한 광역 관계망의 성립을 보여주는 것으로 평가된다.

근래 京都府 宇治市街유적에서 아라가야계 공인에 의해 제작된 초기 스에키가 확인되어 近畿지역과 아라가야와의 관계도 엿볼 수 있다. 따라서 일본열도와의 교섭의 독점과 이를 기반으로 하여 가야 전 지역을 통괄하였다는 금관가야를 중심으로 하는 단일 연맹체설은 성립될 수 없으며 이 시기 금관가야와 함께 가야전기의 중심국인 아라가야도 일본열도와의 교섭의 한축을 형성하였을 가능성이 높다.

5세기 초 아라가야양식 토기는 남강하류역을 제외하고 낙동강상류역, 남강상류역, 황강수계, 남해안에 반출되지 않는다. 이 시기 아라가야를 중심으로 한 관계망이 쇠퇴하는 것은 400년『광개토왕비』경자년조 안라인수병기사와 관련된 것으로 추정된다.

즉 이 시기부터 아라가야양식 토기는 남강유역과 황강유역에서는 유통되지 않고 대신 소가야양식 토기가 이를 구축하듯이 남강 본류와 그 상류의 경호강과 임천강과 황강 상 중류역, 남해안을 따라 집중적으로 이입된다. 이는 아라가야가 구축한 관계망이 와해되고 새로이 소가야에 의한 관계망이 남강수계와 남해안일대에 형성되었음을 의미한다.

그런데 6세시 전엽 아라가야는『日本書紀』의 이른바 임나일본부의 실체로 보여지는 安羅倭臣館이 설치되고 임나부흥회의에서도 주도적인 위치를 점하고 있는 것에서 대가야와 함께 여전히 가야 후기의 중심국으로 대왜 교섭에서도 중요한 위치를 차지하는 것으로 파악되어왔다. 그럼에도 6세기대에는 아라가야양식 토기가 일본열도에 이입되지 않고 또 이전 시기부터 이 지역에 이입된 왜의 문물도 도항리(경)13호분의 삼각판혁결판갑과, 도항리4호의 直弧文鹿角製刀裝具가 출토된 것에 불과하여 고고자료와 문헌사료와의 큰 차이를 보이고 있다. 이는 당시 가야의 중심국이었던 대가야를 견제하려는 백제의 의도에 의해 한시적으로 아라가야에 안라왜신관이 설치되고 이른바 임나부흥회의가 개최된 것에 기인한다. 또 그 시기가 이미 가야 멸망이 임박한 530년대 이후인 것에 원인이 있을 것이다.

고령지역에서는 김해시 대성동고분군에서 발굴된 대형 목곽묘와 같은 4세기 왕묘가 확인되지 않아 가야전기 대가야세력의 활동양상과 그 위상을 알기 어렵다. 토기양식으로 볼 때 고령지역은 함안과 김해지역과 같은 독자적인 토기양식을 찾아 볼 수 없고, 여타 낙동강 중류역과 같이 아라가야양식 토기의 분포권에 포함된 점에서 4세기대에는 아라가야를 중심으로 하는 낙동강수계의 관계망 내에 속하였음을 알 수 있다.

그런데 5세기 대가야는 고령을 거점으로 성장하여 황강수계, 남강중상류역, 섬진강수계, 남해안일대, 금강상류역에 걸친 넓은 권역을 형성해 가야사상의 획기적인 발전을 이루었다.

발표자는 1995년 인제대학교 가야문화연구소에서 개최된 학회에서 대가야가 고령에서 하동에 이르는 대권역을 형성한 것으로 주장하였다. 또한 대가야의 발전 배경에 대하여 종래 합천군 冶爐지역의 철산개발을 통하여 가야 후기의 중심국으로 성장한 것으로 파악되어 왔으나, 발표자는 일본열도와의 교역을 가장 중요한 요인으로 보았다.

그 후 발표자는 5세기 후반 대가야의 발전과 내륙에 위치한 이 지역의 문물이 일본열도에 집중 이입되는 배경을 단지 冶爐지역의 철산개발과 이를 기반으로 한 섬진강로의 장악, 특히 하동 帶沙津의 확보만으로는 설명할 수 없다고 보았다. 그래서 백제가 그토록 집요하게 섬진강하구의 任那四縣과 그리고 帶沙·己汶을 공략한 배경이 무엇인가에 주목하게 되었다.

근래 순천시 운평리고분군, 하동군 흥룡리고분군 출토 대가야식 묘제와 토기로 볼 때 대가야는 남강 상류역의 남원 아영지역으로 진출한 후 남하하여 섬진강 하구의 교역항인 하동을 확보함과 동시에 소위 任那四縣에 해당하는 여수, 순천, 광양지역을 확보한 것으로 본다. 즉 하동의 확보만으로는 해상교통의 안전을 보장할 수 없으므로, 대가야는 남해안의 중앙에 위치하고 길게 돌출한 반도상의 지형을 형성한 군사적인 要衝인 여수지역을 점유한 것이다. 479년 대가야의 중국 南齊로의 독자적인 遣使는 남해안을 통한 이와 같은 해상활동을 웅변하는 것이다.

4세기까지 이입되던 금관가야산 문물과 5세기 전반까지 이입되던 신라산 금공품 대신, 그에 비교 우위를 가지지 못한 대가야산 금공품이 5세기 후반 일본열도에 돌연히 流入되는 배경은 이와 관련된 것으로 본다. 즉 대가야가 남해안의 제해권을 장악함으로써 특히 백제와 왜의 교통뿐만 아니라 倭의 中國 교통에도 일정한 영향력을 행사할 수 있게 된 것이다. 그래서 왜가 특히 금공품의 輸入處를 신라에서 대가야로 전환할 수밖에 없는 상황이 형성된 것으로 본다.

이와 관련하여 막대한 수량의 대가야양식 금공품이 5-6세기 대가야에서 제작되어 주목된다. 그래서 철산과 함께 금광의 개발을 통한 금공품 생산과 유통이 대가야 발전의 원동력으로 작용한 것으로 판단된다.

고령군 지산동고분군 출토품을 중심으로 하는 대가야의 대표적인 위신재는 착장용의 금제 수식부이식과 의장용의 금동제 용봉문환두대도, 금동제 마구, 무구를 들 수 있다. 가야 제국 가운데 독자적인 의장의 금공품을 제작한 곳은 대가야가 유일하며 특히 고령에서 제작된 금동제 용봉문환두대도, 금제 수식부이식, 금동제 마구는 가야 전역뿐만 아니라 일본열도 전역에 걸쳐 이입되었다.

현재 확인된 대가야산 금공품은 금관 2점, 금동관 5점, 또한 금동제 용봉문환두대도는 49점, 금제 수식부이식은 229점에 달한다. 그 외 금동제 마구도 다수 확인된다.

5세기 후엽 금공품 생산이 가능한 곳은 그 양식과 출토 수로 볼 때 백제와 신라와 함께 가야지역에서는 대가야가 유일하다.

대가야산 금공품의 수량은 신라에는 필적할 수 없으나 백제산 금공품의 수량을 상회하는 점에서 주목된다. 또한 대가야의 금공품은 신라와 백제와 분명하게 구분되는 독자적인 양식인 점도 그러하다. 고령에서 성주로 연결되는 금광맥이 존재하고, 일제강점기까지 활발하게 채굴된 점에서 금광의 개발을 통한 금공품 생산과 유통이 대가야 발전의 원동력으로 작용한 것으로 판단된다.

더욱이 5세기 후반 대가야 문물은, 일본열도의 대가야 문물이 4세기에 금관가야가 전해준 철제품과는 비교할 수 없는 화려한 금제, 금동제 장신구와 마구를 포함하고 있어 양자간 국가 경쟁력의 질적 차이를 알 수 있게 한다. 또한 대가야는 당시 왜가 원했던 말과 그 사육방법을 전해 준 점, 더욱이 국가체제의 정비에 절대적으로 필요했던 문자의 사용을 본격화 시킨 점에서 일본열도의 문명화에 크게 기여한 것으로 판단된다.

종래 가야는 하나로 통일되지 않은 것에서 고대국가로 발전하지 못하고 멸망한 것으로 파악되어왔다. 그러나 가야 후기의 중심세력인 대가야는 비록 가야 전체를 통일하지 못했으나 황강수계, 남강수계, 소백산맥, 섬진강수계를 넘어서 고령에서부터 남해안일대에 걸치는 당시 백제의 영역과 큰 차이를 보이지 않는 가야사상의 최대 판도를 형성하였다.

대가야권역은 토기, 철과 같은 필수 물자와 금동제 용봉문환두대도, 금제 수식부이식, 금동제 마구와 같은 위신재의 생산과 유통으로 보아 호남 동부지역까지 지배 복속관계로 이루어진 동일한 정치·경제권으로 본다.

대가야는 『日本書紀』 繼體 23년(529년) 대가야왕이 하동지역을 대가야의 영역으로 주장하는 것과 신라의 왕녀를 여러 縣에 분산시켰다는 기사로 볼 때 영역관념의 형성과 그 내부를 중앙과 지방으로 편제한 것으로 추정된다.

514년 대가야가 사졸과 무기를 모아 신라를 공격하고 또 섬진강 하구에서 군사를 일으켜 왜를 공격하였다는 기사와, 553년 대가야가 백제와 함께 관산성을 공격한 기사는 대가야가 대외 전쟁에 권역 내의 병사와 무기를 징발하여 신라, 왜와 교전할 수 있는 군사권을 확립한 것을 보여주며, 대가야군의 작전 범위가 금강수계, 섬진강 하구에 걸치는 광범위한 것임을 알 수 있게 한다.

6세기 초를 전후하여 고령분지, 합천지역 및 의령지역을 포함한 낙동강 중류역에 걸쳐 대가야식 산성이 연계하여 집중 조영된 것에서, 대가야는 그 권역 내의 민을 동원할 수 있는 역역체제를 구축한 것으로 판단된다.

東京國立博物館 소장 명문환두대도, 창녕군 교동11호분 출토 명문환두대도, 하부명 단경호, 대왕명 장경호는 대가야에서 문자의 사용이 상당한 수준에 달하였음을 알 수 있게 한다.

대가야는 광범위한 영역과 이를 통제할 수 있는 군사권, 479년 남제로의 견사, 문자의 사용, 왜와의 교섭에서 확인되는 외교권, 그리고 산성의 축조에서 파악되는 역역동원 체제를 갖춘 점에서 초기국가 단계에 도달하였다고 판단된다. 이는 가야사회가 3-4세기 금관가야와 같은 도시국가에서 5세기 전반 소가야와 같은 연맹국가를 거쳐, 5세기 후반에는 대가야와 같은 영역국가로 진화한 것을 보여준다.

고령지역의 왕릉군인 지산동고분군은 신라의 서악동고분군과 조영원리가 유사하고, 왕성의 부속성인 주산성은 백제의 부소산성과 입지와 규모가 흡사한 점에서 대가야가 규모와 내용에서는 차이가 있으나 백제, 신라와 같은 사회발전 단계에 도달하였음을 알 수 있다. 이와 함께 화려한 대가야의 금공품은 백제, 신라에 필적하는 독자적인 문화를 상징하는 것으로 본다.

Ⅴ. 맺음말

아라가야는 가야 전기 금관가야와 함께 중심국이었다. 그런데 400년 고구려군의 남정 이후 금관가야가 쇠퇴하나, 아라가야는 대가야와 함께 후기의 중심국으로의 위치를 지켜왔다. 이는 도항리고분군의 위용과 『일본서기』에 보이는 소위 임나부흥회의가 함안에서 개최된 것에서 알 수 있다.

한편 아라가야는 가야 후기의 중심국이었음에도 불구하고 대가야와 비교하면 현격한 차이를 보인다.

먼저 대가야가 황강수계, 남강중상류역, 섬진강수계, 남해안일대, 금강상류역에 걸친 넓은 권역을 형성한 것에 비해 아라가야는 함안분지 일대와 진동만에 국한 점이 비교되며, 이는 양자간의 세력차를 반영하는 것으로 파악된다.

또한 대가야는 금제 수식부이식, 금동제 용봉문환두대도, 금동제 마구와 같은 독자적인 의장의 금공품을 제작하였으나, 아라가야에서는 이를 찾아볼 수 없다.

더욱이 왕묘의 조영과정에서 살펴본 바와 같이 아라가야에서는 고령군 지산동고분군과 같이 5세기 후엽 이후 왕묘급 고총이 一系에 한정된 것과는 달리 왕권이 특정 수장계열에 고정되지 않았음을 보여준다.

아라가야의 왕묘급 고총인 4호분, 8호분, 6호분 등에서는 마주, 행엽, 운주와 같은 마구를 비롯한 신라산 문물이 부장되는데, 이는 대가야의 토기, 금동제 용봉문환두대도, 마구, 무구와 장신구를 부장한 다라국의 왕묘인 합천군 옥전M3호분과 대비된다. 즉 아라가야가 신라의 마구와 장신구를 도입한 것은 대가야와 뚜렷이 구분되는 세력임을 말해준다.

6세기 이후에는 도항리고분군에도 대가야양식 토기가 다수 이입되고 인접한 창원시 반계동고분군에서는 부장토기가 대가야양식 일색으로 변한다. 이는 금관가야의 고총인 창원시 다호리B1호분과 소가야의 고총인 고성군 송학동1호분에서 대가야양식 토기가 이입된 것과 괘를 같이한다. 이는 대가야의 가야지역에 전역에 걸친 영향력을 보여주는 것이다.

앞으로 함안지역 4세기대 왕묘의 조사를 통하여 아라가야의 위상에 대한 올바른 평가와 함께 5세기 후반의 왕묘의 조사를 통한 아라가야와 대가야의 관계에 대한 연구가 기대된다.

참고문헌

(한국어문)

金世基, 2003, 『考古資料로본 大加耶硏究』, 서울, 學硏文化社.

김태식, 2002, 『미완의 문명 7백년 가야사』 1,2,3, 서울, 푸른역사.

李東熙, 2005, 『全南東部地域 複合社會 形成過程의 考古學的 硏究』, 서울, 成均館大學校 大學院 文學博士 學位論文.

李政根, 2006, 『咸安地域 古式陶質土器의 生産과 流通』, 嶺南大學校大學院文學碩士學位論文), 慶山, 嶺南大學校大學院.

이영식, 2004, 「가야와 왜, 그리고 임나일본부」, 『가야 잊혀진 이름 빛나는 유산』, 서울, 혜안.

이한상, 2004, 「대가야의 장신구」, 『大加耶의 遺蹟과 遺物』, 고령, 大加耶博物館.

_____, 2006, 「裝飾大刀로 본 百濟와 加耶의 交流」, 『百濟硏究』 第43輯, 大田, 忠南大學校百濟硏究所.

이희준, 1995, 「토기로 본 대가야의 권역과 그 변천」, 『가야사연구-대가야의 정치와 문화-』, 대구, 경상북도.

趙晶植, 2005, 『洛東江 中流域 三國時代 城郭 硏究』, 大邱, 경북대학교 대학원 석사학위논문.

全榮來, 1985, 「百濟南方境域의 變遷」, 『千寬宇先生還曆記念 한국사학논총』, 서울, 정음문화사.

趙榮濟, 2002, 「考古學에서 본 大加耶聯盟體論」, 『盟主로서의 금관가야와 대가야』, (第8回加耶史學術會議), 金海, 金海市.

鄭朱喜, 2008, 『咸安樣式 古式陶質土器의 分布定型에 관한 硏究』, (慶北大學校大學院文學碩士學位論文), 大邱, 慶北大學校大學院.

박천수, 1995, 「정치체의 상호관계로 본 대가야왕권」, 『加耶諸國의 王權』, 김해, 인제대학교가야문화연구소.

_____, 2007, 『새로쓰는 고대한일교섭사』, 서울, 사회평론.

_____, 2009, 『日本列島속의 大加耶文化』, 大邱, 高靈郡・慶北大學校.

_____, 2010, 『가야토기-가야의 역사와 문화-』, 서울, 진인진.

_____, 2011, 『국내외 소장 대가야문물』, 大邱, 慶北大學校出版部.

_____, 2011, 『일본속의 고대 한국문화』, 서울, 진인진.

_____, 2012, 「신라 가야 유물」, 『日本所在 嶺南地域 文化財 考古』, 大邱, 慶北大學校博物館.

박천수外, 2009, 『高靈池山洞44號墳-大伽耶王陵-』, 대구, 慶北大學校考古人類學科·慶北大學校博物館·大加耶博物館.

(일본어문)

朴天秀, 1995, 「渡來系文物からみた加耶と倭における政治的變動」, 『待兼山論叢』史學編29, 大阪, 大阪大學文學部.

_____, 2004, 「大加耶と倭」, 『國立歷史民俗博物館硏究報告』第110集, 佐倉, 國立歷史民俗博物館.

_____, 2007, 『加耶と倭』, 東京, 講談社.

아라가야와 마한·백제

이동희(순천대학교 박물관)

Ⅰ. 머리말

　기존에 아라가야와 마한·백제간의 교섭에 관한 글은 고대사분야에서는 더러 있었지만(김태식 1993, 남재우 2000·2003, 백승충 2002, 백승옥 2003), 고고학에서는 관련 논문이 많지 않았다. 그것도 가야와 마한·백제의 교류와 교섭을 다루면서 부수적으로 아라가야를 언급한 정도였다(홍보식 1998·2007·2008, 박순발 2000, 이주헌 2000, 이동희 2004·2011, 박천수 2006a·2010, 박미라 2010, 서현주 2011, 정주희 2011).
　따라서, 본고에서는 최근까지 확인된 고고학적 자료를 바탕으로 아라가야와 마한·백제와의 관련성을 좀 더 심도있게 다루려는 것이다.
　4-5세기대 아라가야 관련 유물은 지리적인 인접성으로 인해 전남 해안지역을 중심으로 비교적 많이 분포하고 있고, 아라가야 중심고분군에서는 5-6세기대 백제계 위세품들이 확인되고 있다. 그래서 전남지역에서 주로 보이는 4세기후반-5세기 전반의 아라가야계 유물과 아라가야 수장급 고분에서 보이는 5세기 이후의 백제중앙의 위세품으로 구분해서 정리하고자 한다.
　본고에서는 4세기후반-5세기전반대의 아라가야계 유물이 확인되는 전남지역을 '백제'로 통칭하는 것이 아니라 '마한'으로 별도로 구분해서 보려고 한다. 백제의 전남지역 진출에 대한 고대사학계의 통설은 백제 근초고왕의

南征(4세기후반)과 관련짓는 것이지만(이병도 1976, 노중국 1987), 고고학적 양상으로 보면 5세기대까지 상당한 독자성이 보이기 때문이다. 백제가 전남지역을 4세기 후반에서 5세기 후반까지 간접지배 형태(貢納的 支配)를 취했더라도(권오영 1986, 이도학 1995), 전남지방 토착세력의 자율성은 여전히 유지되고 있었다고 보는 것이다. 더구나, 5세기말부터 6세기전반대까지의 영산강유역이 백제로부터 首長을 통한 간접지배를 받았다는 견해(홍보식 2006b)를 참고하면, 5세기대까지 전남지역의 자율성을 어느 정도 인정해야 할 것이다.

이와 같이, 아라가야와 마한·백제간에 문물이 교류되는 양상을 경제적인 측면 뿐만 아니라, 정치적인 교섭관계까지 고려하여 역사적 성격 등에 대해서 살펴볼 것이다.

II. 아라가야와 마한

1. 마한권역에서 보이는 아라가야 문화

1) 土器로 본 아라가야와 마한과의 교류

마한·백제 권역에서 가장 많은 아라가야계유물이 확인된 곳은 전남지역이다. 이에 비해, 타지역에서의 아라가야계 문물의 출토례는 매우 드물다.

마한·백제권역 중 전남지역에서 아라가야계 유물이 가장 빈번히 출토됨은 상대적으로 아라가야권역과 가장 가깝다는 지리적인 문제가 가장 클 것이다. 아울러 고대사회에서 육로보다 더 편리했던 바닷길로 상호 긴밀히 연결되었기 때문일 것이다.

전남지역에서의 아라가야계토기 출토유적을 정리하면 다음과 같다.

〈표 1〉 전남지역의 아라가야계토기 출토유적 일람표

유적명	유구	출토유물	편년	도면번호
광양 지원리 창촌	주거지	노형기대	4세기후반	1-2
광양 용강리	수혈유구	통형고배,화염형투창고배	5세기전반	1-3
광양 도월리	폐기장	고배	5세기전반	
순천 덕암동	지표수습	고배	4세기말-5세기초	
여수 장도	?	고배	4세기말-5세기초	1-1
여수 석창성지	지표수습	통형고배	4세기말-5세기초	
여수 죽림리	토광묘	통형고배	4세기말-5세기초	1-4
여수 화동	주거지	승문타날호	4세기중엽	
여수 고락산성	주거지	승문타날호	4세기중엽	1-5
구례 용두리	?	고배	4세기후엽	
고흥 한천리 신촌	토광묘	광구소호(경배)	4세기말-5세기초	1-6
고흥 장덕리 장동	목곽묘	광구소호(경배)	5세기전반	
장흥 신월리	지표수습	통형고배	4세기후반	1-7
장흥 상방촌A	주거지	파배,승문타날호	4세기후반-5세기초	1-8
장흥 상방촌B	토광묘	단경소호,광구소호(경배)	4세기말-5세기초	
영암 만수리	목곽묘	광구소호(경배),장경소호	4세기말-5세기초	1-14
함평 만가촌	목관묘	광구소호(경배)	4세기말-5세기초	1-9
해남 분토	토광묘	광구소호(경배)	5세기전반	1-10
	토광묘	승문타날호,단경소호	4세기후반	
해남 군곡리	주거지	고배,광구소호(경배)	5세기전반	1-11
해남 신금	주거지	승문타날호	4세기중후엽	
해남 신월리	고분	광구소호(경배)	5세기전반	1-16

이상과 같이 전남지역의 아라가야유물은 4세기후반대부터 5세기전반대까지 주로 확인되며, 동시기의 금관가야 유물보다 더 많은 비중을 차지하고 있다.

이에 비해, 4세기대까지 전기가야연맹체를 주도했던 금관가야의 문물이 마한·백제권역에서는 아라가야보다 미약하다. 예컨대, 전남지역에서의 금관가야 유물은 〈표2〉와 같이 그 예가 많지 않다.

〈표 2〉 전남지역의 금관가야계 유물 출토유적 일람표

유적명	유구	출토유물	편년
고흥 한천리 신촌	9호토광묘	외절구연고배, 광구소호, 양이부호	4세기말~5세기초
고흥 장덕리 장동	M2-1 목곽묘	유대파수부호	5세기전반
	M2-2 목곽묘	광구소호	5세기전반
보성 조성리	15호 주거지	외절구연고배	4세기후엽
함평 성남	1호 토광묘	광구소호	4세기후엽
함평 국산	2호 토광묘	광구소호	4세기후엽
무안 양장리	가-2지구수습	광구소호	4세기후엽

　전남지역이 함안지역과 일정한 거리를 두고 있고 유물이 산발적으로 출토되고 있기 때문에, 아라가야의 정치적 영향력의 확대라는 측면에서 접근할 수는 없고, 토기자체의 유통으로 해석해야 할 것이다(이성주 2000a). 예컨대, 화염형투창고배의 이른 단계 분포권이 늦은 단계(5세기 중엽~6세기 전엽)에 비해 넓어 부산·경주·경북 금릉·일본에까지 미치고 있음(이주헌 2000, 김형곤 2002)은 시사하는 바가 크다. 즉 5세기 중엽 이전까지의 아라가야토기의 확산은 정치권력과는 무관하고 교역이나 교류의 관점에서 보아야 한다는 것이다. 전남지역의 아라가야토기 출토유적이 주로 남해안이라는 점에서도 교역이나 교류설을 뒷받침한다. 토착세력이 교역이나 교류를 통해 당시에 가장 선진적인 아라가야토기[1]와 鐵鋌 등을 받아들인 것으로 보아야 한다.

　그렇다면, 아라가야토기가 영남뿐만 아니라 호남·일본에 이르기까지 광역에 걸쳐 파급되는 계기와 배경을 살펴볼 필요가 있다. 대체로 아라가야 연구자들은 浦上八國戰爭을 중요시한다(남재우 1997·2011, 정주희 2011). 포상팔국 전쟁의 원인과 시기·대상국에 대한 다양한 견해가 있지만, 남재우의 견해를 참고해 보기로 한다. 즉, "3세기말에 포상팔국은 지속적인 발전을 위한 농경지 확보를 위해 내륙지역인 함안의 아라국을 공격했지만, 이 전쟁에

---

1) 토기편년상 함안지역은 가장 일찍 도질토기 생산체계가 발전했던 지역이다(이성주 2000b).

서 포상팔국이 패배함으로써 오히려 함안의 아라국이 성장하는 계기가 되었다. 특히, 직접 해안으로 진출할 수 있게 되어 수산자원의 확보뿐만 아니라 대외 교역이 활발하게 되었다. 이것이 바탕이 되어 4세기 이후 안라국으로 급속히 성장하게 되었다. 4세기 고식도질토기단계에서 '함안식'이라 불리는 토기양식이 존재하고 그 함안식토기들이 많은 지역에 널리 분포하고 있음으로 함안지역의 안라국이 토기유통을 통하여 가야제국 중에서 중요한 정치적 지위를 차지하고 있었을 가능성이 높다".(남재우 2011)

그런데, 전남지역에서 확인되는 아라가야 토기 출토유구는 동부권과 서부권이 양상이 조금 다르다. 즉, 동부권은 주거지나 수혈유구 등의 생활유구가 더 많고, 서부권은 동부권보다 분묘의 비율이 높다. 이는 전남서부권인 영산강유역에서 복합사회로의 진전이 더 활발하면서 분묘에 위세품으로서 외래계 유물을 부장하였음을 의미한다고 하겠다. 현재까지의 조사성과로는, 4-5세기대에 전남동부권의 분묘 숫자나 규모는 서부권에 비해 매우 빈약한 편이다.

또한, 4세기대 이후 가야토기가 유입되어 전남권에 영향을 미치고 있지만, 전남동부권과 전남서부권의 반응도 상이하다. 즉, 전남동부권은 5세기대에도 종래 재지 토기를 주로 사용하면서 외래계, 특히 가야계토기와 그 모방품들이 있지만 지속적이지 못하고 단발적이다.

이에 비해, 영산강유역의 서부권은 독자적인 유공광구소호 기종도 있지만 가야토기가 유입된 후 변형·재생산되고 있어 동부권과 달리 지속적이다. 즉, 장경소호, 광구소호, 단경호, 고배, 파배, 발형기대, 대부호 등의 기종은 5세기대에 모방품이 생겨나 6세기대에 이르기까지 변형·재생산되고 있다(서현주 2011).

영산강유역은 4세기후엽에는 영산강유역 양식토기의 핵심기종의 하나인 유공광구소호가 등장하면서 이 지역의 토기양식의 독자성이 부각되기 시작한다. 그리고 5세기중엽에는 영산강유역양식토기가 완성되고, 6세기 초 무렵에 백제계토기의 유입으로 해체되기 시작한다(박순발 1998).

영산강유역양식토기의 중심은 고총고분이 많은 영암·나주 권역이다. 고총고분과 영산강유역양식토기의 형성에는 영산강유역의 높은 농업생산력과 소국연맹체 형성을 용이케 하는 넓은 평야지대가 중요한 역할을 한 것으로 보인다. 이에 비해, 전남동부권은 영산강유역에 비해 농업생산력이 미약하여 고총고분이 성행하지 못하였고 지형적으로 분리된 소분지가 많아 정치적으로 연맹체형성이 어려워 영암이나 나주같은 정치·사회적 중심지가 없다. 이러한 여건에서 독자적인 토기양식이 생성되지 못한 것으로 보인다.

5세기중엽 이후가 되면, 소가야와 대가야의 성장으로 전남지역에는 소가야 및 대가야 문물이 빈번히 확인된다. 그리고 백제가 웅진으로 천도한 이후에는 백제중앙세력에 의한 적극적인 가야정책으로 인하여 백제중앙세력과 아라가야를 포함한 제가야세력과의 정치적 교섭관계가 활발히 이루어진다.

2) 鐵鋌으로 본 아라가야와 마한의 교류

전남지역과 아라가야간 교류의 배경에 대해 철의 공급과 관련짓는 견해가 제시된 바 있다. 즉, "5세기전반부터 아라가야권역 고분에 철정이 부장된 것은 금관가야의 쇠퇴에 의해 가야권역의 철 유통 장악세력의 해체로 철 유통의 핵이 사라지고 다원화가 진행된 결과, 철소재 확보에 아라가야가 우위를 선점하고 다른 가야는 물론 백제·왜 등지에도 철을 공급하였을 가능성이 높다. 아라가야가 철을 공급하는 중심지로 부상하면서 철을 입수하려는 남서해안 집단들이 아라가야와 교역을 하면서 아라가야계 토기를 입수하였을 개연성이 높다."(홍보식 2008).

이러한 견해에 대해서 대체로 동의하지만, 편년관에는 이견이 있다. 즉, 전술한 바와 같이 전남지역의 아라가야계 토기는 4세기후반대에는 출토되고 있기에, 전남지역과 아라가야간의 교류와 교역은 5세기 이전부터 시작되었다고 볼 수 있다.

영산강유역을 중심으로 하는 서남부지역은 중서부지역과 동남부지역에 비해 철정의 개체수가 현저히 적고 대형 철정이 없다. 이는 서남부지역이 중서부 지역이나 동남부지역보다 원삼국-삼국시대초의 재지적 철생산기반이 미약하고 철의 유통도 훨씬 제한적이었음을 의미한다(성정용·성수일 2012).

이처럼 서남부지역에 철정의 생산체계가 미약하다는 것은 외부의 영향 가능성을 의미하고 그 중에서도 철정이 활발하게 제작된 금관가야나 아라가야를 우선 거론할 수 있다. 그런데 전남지역에서의 공반유물로 보면 김해의 금관가야보다는 아라가야의 유물이 많이 확인되고 있다는 점에서 아라가야의 영향일 가능성이 높다.

전남지역에서 확인된 주요 철정 출토유적을 정리하면 다음과 같다.

〈표 3〉 전남지역 주요 철정 출토유적 일람표

유적명	유구	수량	크기(단위:cm)	유적내 아라가야계 유물	편년	도면번호
나주 용호	목관묘 (12호분)	1	길이 37.3 두께 0.4		4세기전반	
해남 원진리 농암	옹관묘(1호)	2	길이 23.2-29.4		5세기전엽	1-12
해남 봉학리 신금	옹관묘	2	길이 23.5-26		5세기전엽	1-13
장흥 상방촌A	주거지 (1-11·24, 2-19)	10	길이 6.6-18.3 두께 0.15-0.6	승문타날호, 파배, 고배	4세기후반-5세기전반	
장흥 상방촌B	토광묘 (17-1호)	2	잔존길이 12.7-13.3 두께 0.1-0.2	광구소호, 단경소호	4세기말-5세기초	
영암 만수리 (4호분)	목곽묘 (10·11호)	3	길이 18.7-22 두께 0.4-0.45	광구소호, 장경소호	4세기말-5세기초	1-15
고흥 장덕리	목곽묘 (M2-2·M2-3호)	13	길이 8.4-23.5 두께 0.2-0.9	광구소호	5세기전반	
고흥 신촌	토광묘(9호)	1	길이 23.7 두께 0.2-0.3	광구소호	4세기말-5세기초	
해남 신월리	고분 (석관형석실)	10	길이 16-21.1	광구소호	5세기전반	1-16

상기한 바와 같이 전남지역에서 가장 이른 단계의 철정은 나주 용호 12호 목관묘 출토품이다. 이 철정은 판상철부형이며, 길이가 37cm에 달하여 대형이다[2]. 鐵鋌의 前身인 판상철부가 馬韓권역에서는 확인되지 않기 때문에 나주 용호 출토 철정은 낙동강 하류역(금관가야)에서 유입되었을 가능성이 있다(홍보식 2008).

그럼, 철정의 형태상의 특징을 살펴보면서 가야, 신라, 전남지역의 철정을 비교해 보기로 한다.

박천수는 금관가야, 아라가야, 신라의 철정의 형태적 특성을 근거로 다음과 같이 형식 구분한 바 있다. 즉, "금관가야산 철정은 길이 30-35cm의 양 단부가 직선적이고 양측면이 대칭을 이룬 것으로, 김해 대성동 1·2·3호분, 부산 복천동 54호분, 김해 칠산동 20호분 출토품 등이 대표적이다. 이에 비해 신라산 철정은 길이 40cm전후의 양단부가 弧狀을 이루고 양측면이 비대칭적인 것으로, 경주 월성로 가6호분, 경산 임당동 G5, 6호분 등의 출토품이 있다. 한편, 아라가야산 철정은 측면이 대칭적이고 양단부가 내만한 것으로, 함안 도항리 10호분 출토품이 대표적이다"(박천수 2006b).

이와 관련하여, 아라가야 철정에 대해 좀 더 살펴보기로 하자.

아라가야 철정은 5세기 전엽(목곽묘 단계)까지는 측면이 대칭적이고 양단부가 내만한 전형적인 예가 보이지만 5세기 후반대(석곽묘 단계)로 가면 비대칭적이고, 점차 소형화·세장방형으로 변하고 내만한 양단부의 예는 점차 줄어든다. 크기로 보면 5세기전엽의 가장 전형적인 함안 도항리 (문)10호 목곽묘 출토품이 50cm에 달하여 가장 크다. 목곽묘 단계에는 철정의 길이가 20-50cm 정도이지만, 석곽묘단계에서는 철정의 길이가 10-20cm정도로 소형화된다. 5세기후반대의 도항리 (현)15호 석곽묘 출토품은

---

[2] 나주 용호고분군(호남문화재연구원 2003)에서 대형 철정이 출토된 12호 목관묘는 전체 매장주체부에서 최대형이라는 점에서 철정이 위세품의 성격을 가지는 것으로 볼 수 있다.

길이가 10-15cm에 불과하다(표 4, 도면 2).

도항리 (현)15호나 (현)22호의 철정은 소형이고 불균형해서 비실용품으로 파악된다. 즉, 제의적 용도나 피장자 재력을 상징하는 것으로 보고 있다(국립창원문화재연구소 2000).

〈표 4〉 아라가야권역의 주요 철정 일람표[3]

유구명	철정수	철정 길이 (단위:cm)	두께 (단위:cm)	형식	주요 공반유물	편년
도항리(문) 10호목곽묘	10	46.8-50.2	0.3-0.4	대칭, 단변 직선 오목	광구소호3,유자이기, 꺾쇠,마구류	5세기전반
도항리(문) 27호목곽묘	7	21.1-23.5	0.2-0.3	대칭, 단변직선	광구소호2, 꺾쇠	5세기전반
도항리(문) 36호 목곽묘	40	16-20.4	0.2-0.4	대칭, 단변 직선 오목	광구소호1,마구,대도, 유자이기,갑주	5세기전반
도항리(문) 48호 목곽묘	77	17.2-41.9	0.2-0.8	대칭, 단변직선 오목	광구소호3,대도,이식, 꺾쇠,마구,유자이기	5세기전반
도항리(현) 15호 석곽묘	15	9.5-15.8		소형, 비대칭	마구,유자이기	5세기후반
도항리(문) 54호분	16	12cm내외	0.3	소형, 세장형, 비대칭	광구소호2,꺾쇠,마구, 대도,갑주	5세기후반
도항리(현) 22호분	27	14cm내외		소형, 세장형, 비대칭	광구소호3,유자이기, 마구,갑주	5세기후반
도항리(현) 8호분	32+	18-20.5	0.2	소형, 세장형, 비대칭	광구소호1,마구,갑주, 환두대도,유자이기	5세기후반

전남지역 출토 철정 가운데 크기나 형태면에서 함안 도항리 출토품과 유사한 예는 해남 원진리 농암 1호 옹관묘(도면 1-12) 및 봉학리 신금 옹관묘 출토품(도면 1-13)을 들 수 있다(국립광주박물관 1989).

해남 원진리와 봉학리 출토 철정의 측면은 대칭적이며 단부가 내만한다[4].

---

3) 본고에서 함안 도항리유적의 편년은 발굴보고자의 의견을 최대한 수용하였다. 하지만, 이러한 편년안보다 1/4분기 정도 빠르게 보는 견해도 있다. 예컨대, 함안 도항리(문) 36호를 4세기 4/4분기 혹은 5세기 1/4분기의 이른 시기로 보는 견해가 제시된 바 있다(정주희 2009). 이러한 견해도 일면 타당성이 있으므로, 편년에 대해서는 향후 좀 더 자세한 검토가 필요하다.
4) 공반된 옹관묘의 형식으로 보면 5세기전엽으로 볼 수 있다.

길이는 23-26cm내외여서 함안 도항리의 5세기 전반대 목곽묘 출토품과 대동소이하다.

그리고, 영암 만수리 4호분 11호 목곽묘 출토품도 철정의 측면이 대칭적이며 단부가 내만한다(도면 1-15). 한쪽 단부 가장자리가 부러져 현재 길이는 18.7cm이다(국립광주박물관 1990). 영암 만수리 4호분 10·11호 목곽묘는 4호분의 매장주체부 15기 중에 가장 대형인데, 공교롭게도 10·11호 매장주체부내에서만 3점의 철정이 출토되었다. 그 중에서도 최대규모인 10호에서는 2점의 철정이 출토되어, 부장된 철정이 위세품 역할을 하는 것으로 파악된다. 그리고 10호 목곽묘에서는 아라가야계 광구소호가 동반되었다는 점에서 주목된다(도면 1-14). 만수리 4호분 출토 광구소호는 전남권에서 이른 단계에 속하면서 동시에 아라가야 현지 출토품과 유사하여 鐵鋌과 더불어 아라가야에서 유입된 유물일 가능성이 높다.

최근에 발굴조사된 해남 신월리 고분 출토 철정도 주목된다(목포대박물관 2010). 신월리고분 출토 철정은 길이 16-21cm로서 도항리(문)36호와 거의 동일한데, 형태적으로도 유사한 면이 있다(도면 1-16). 즉, 도항리 36호 출토 철정은 전형적인 도항리 10호 출토품에 비해 소형화·세장화되고 양단부의 내만 정도가 약하여 직선적이거나 약간 호형을 띠기도 한다(도면 2). 신월리 고분이 5세기 전반에서도 늦은 시기에 해당하며, 아라가야계 광구소호가 출토되어 주목된다[5]. 이와 같이, 해남 신월리 고분에서 철정과 광구소호의 공반관계, 철정의 크기와 형태 등에서 아라가야와의 관련성이 간취되므로 아라가야와의 교류를 추정해 볼 수 있다.

이상에서 살펴본 바와 같이, 아라가야의 철정이 전남지역으로 직접 교역된 경우도 있겠지만, 아라가야의 철정제작 기술이 건너와 전남지역에서 모방제작되었을 가능성도 있다. 즉, 5세기 이후에는 전남지역도 자체적인

---

[5] 광구소호는 높이보다 구경이 더 큰 것이기에 5세기후반으로 내려가지는 않는다.

철기제작이 활성화되었던 것으로 보이며, 무안 사창리 옹관묘와 나주 복암리 '96석실내 1호 옹관묘에서 단야구 세트와 철제 집게가 출토된 바 있다 (김상민 2007).

한편, 철정 공반유물 중 주목되는 것이 광구소호이다. 아라가야 권역, 특히 함안 도항리에서 철정이 출토되는 무덤에서는 대부분 평저의 광구소호가 출토되며(표4, 도면2), 전남지역에서도 그러한 경향이 있어 철정을 논함에 있어 광구소호도 좀 더 자세히 살펴볼 필요가 있다[6].

가야계 광구소호는 원저와 평저로 대별되며, 원저 광구소호는 낙동강동안지역의 김해 부산일대에서 주로 출토되고 평저 광구소호는 낙동강 서안지역으로 대표되는 함안 외에 신라의 경주권[7]에서 주로 출토되고 있다(이유진 2007). 광구소호는 금관가야쪽이 조금 더 이른 것으로 파악되는데, 4세기후엽으로 편년되는 김해 예안리 117호묘 경우에는 원저와 평저 광구소호가 공반되기도 한다. 하지만, 아라가야권역에서는 평저의 광구소호가 대부분을 차지하고 있다.

아라가야의 광구소호는 5세기전반과 5세기후반으로 크게 대별되며, 5세기말 혹은 6세기초엽에는 거의 사라진다. 전자와 후자의 차이는 몇가지 속성에서 살펴볼 수 있다. 먼저, 동체부와 구경부 크기의 비율에서 5세기후반대로 가면서 동체부가 점차 작아진다. 즉, 구형의 큰 동체부(5세기전반)에서 편구형 혹은 육면체에 가까운 작은 동체부로 변화한다. 전체크기에 있어서는, 5세기후반대로 가면서 소형화된다. 즉, 5세기전반대에 높이6.5-8.2cm, 구경7.2-8.3cm, 저경3.8-5.0cm인데 비해, 5세기후반대에는 높이5.6-7.5cm, 구경5.0-5.9cm, 저경2.7-4.5cm이다. 그리고, 5세기후반대에

---
6) 충주 탄금대 수조유구에서도 철정과 더불어 광구소호가 출토된 바 있다(성정용 성수일 2012).
7) 신라의 경주권에도 평저의 광구소호가 확인되지만, 전남지역의 광구소호는 아라가야와 연결시켜야 할 것이다. 왜냐하면 4세기후반대-5세기전반대에 전남지역에는 아라가야계 유물은 빈출되지만 신라계 유물은 거의 확인되지 않기 때문이다.

는 도항리 (현)22호분 출토품같이 동체부와 구경부의 구분이 뚜렷하지 않는 예가 보이며 동체부의 형태도 정연성을 잃고 형식화된다. 또한 구경부의 외반도가 초기에는 나팔상으로 크게 벌어지다가 후기에는 완만하게 벌어져 수직에 가까운 예도 있다. 즉, 5세기후반대에는 5세기전반대에 비해 구경부의 크기가 2cm이상 줄어든다. 그리고, 5세기전반대에는 동체부와 구연부의 경계선에서 1조의 돌선이 확인되는 경우가 있고, 5세기후반대에는 경부 중하위에 1조의 돌선이 확인되는 경향이 있다(도면 2).

전남지역에서 보이는 아라가야계 광구소호의 형식이 5세기 후반대 것은 거의 보이지 않고 5세기전반대에 해당하는 형식만 보이므로 아라가야 영향의 중심연대는 5세기전반대로 볼 수 있다. 예컨대, 5세기전반대의 해남 군곡리 주거지 출토 평저의 광구소호는 아라가야계 고배와 공반되어 아라가야와의 관련성을 유추해 볼 수 있는 좋은 자료이다(도면 1-11).

5세기중엽이후에는 전남지역에 소가야와 대가야 문물이 빈번히 확인되고 있어 아라가야의 영향력이 약화되었음을 알 수 있다. 예컨대, 장흥 상방촌유적에서 아라가야계 유물 외에 소가야계 토기들이 출토됨은 5세기 중엽대에 접어들어 소가야가 서남해안을 통한 교역에 적극적으로 가담하고 있었음을 의미한다. 실제로 백제 한성기의 풍납토성에서 가장 많이 출토되는 외래계 토기 중 하나가 소가야계통이다.

2. 아라가야 권역에서 보이는 마한문화

아라가야 권역에서 보이는 마한문물은 전남지역에서 확인되는 아라가야문물에 비해 훨씬 적은 편이다. 이는 당시에, 아라가야의 철이나 토기문화가 선진적이어서 마한권역에서 선호했음을 뒷받침한다.

아라가야권역에서 전남해안지역계 유물이 확인되지 않는 점은 당시 교역형태를 반영할 수도 있다. 즉, 가야권역에 전남남해안지역유물이 보이지 않고 전남서남해안지역에 아라가야계 및 소가야계 유물이 출토되는 것은 양지역의 교역에 있어 교역을 담당한 주체가 전남 서남해안 지역 집단들이 었을 가능성이 있다는 것이다. 전남서남해안 지역 집단들은 철소재를 입수하기 위해 금관가야 이후 새로운 철소재 공급지로 부상한 아라가야와의 교역에 적극적으로 나섰음을 나타내는 것이다. 아라가야권이 전남해안지역과의 교역품으로 소금·곡물·어패류 등의 특산물을 가져왔다면 주거지나 무덤 등의 유적에서 잔존할 가능성은 희박하다(홍보식 2008).

아라가야권역에서 확인되는 마한계 문물, 특히 영산강유역권과 관련되는 유물로서는 유공광구소호를 들 수 있다. 대표적인 예가 함안 도항리(경)13호묘 출토품이다(도면3-1).

도항리 13호묘(경남고고학연구소 2000)는 520×150cm의 세장방형 목곽묘이다. 보고자에 의하면 5세기 2/4분기로 편년된다. 출토위치로 보면 유공광구소호는 파수부광구소호와 함께 소형기대와 세트로 구성되었을 가능성이 높다. 파수부광구소호는 기형의 차이는 있지만 태토·구경부 형태·제법 등도 비슷한 것으로 보아 유공광구소호와 함께 제작 소성된 것으로 보인다. 따라서 유공광구소호는 이입된 자료라기보다는 공반유물과 함께 제작 소성되었을 가능성이 제기되고 있다(이유진 2011).

유공광구소호는 함안 외에도, 김해·부산·창원·진주·고성·사천·하동·산청·고령지역 등에 분포하는데, 정형화되지 못한 자료가 나타나다가 점차 지역 형식으로 발전하고 須惠器(系) 토기도 출토된다(이유진 2011). 가야의 지역형식은 동체부에 돌선이 없는 것인데 영산강유역, 특히 영산강하류지역 토기에서처럼 돌선을 갖는 유공광구소호가 함안 도항리(경)13호묘, 창원 천선동유적 등에서 소수 확인된다. 이 유물들은 가야의 유공광구소호 중에서 비교적 이른 자료이다. 이러한 가야지역의 토기자료로 볼 때에도 5세기 전반경 영산강유역, 특히 영암을 중심으로 한 영산강하류지역과 함안·창원 등의 낙동강유역간의 교류가 인정된다(서현주 2011).

요컨대, 유공광구소호가 영산강유역 일대가 앞서고 가장 밀집 분포한다는 점에서 함안 도항리 출토품은 재지에서 제작되었을 지라도 영산강유역의 직·간접적인 영향이 있었을 것이다. 4세기후반~5세기전반대에 아라가야와 마한의 서남부지역간에 활발한 문화 교류가 있었음을 뒷받침하는 귀중한 자료이다.

이외에, 아라가야권역에서 발견된 마한계 주거지와 출토유물을 거론할 수 있다.

이와 관련하여, 최근에 조사된 거제 아주동 유적이 주목된다. 아주동 취락 유적은 거제도 동남부의 옥포만에 위치한다. 이 유적에서는 4세기말로 편년되는 수혈건물지 41기가 조사되었다(도면 3-2·3·4). 토기 대다수는 함안양식의 고식도질토기이며, 중심연대는 고식도질토기단계의 늦은 시기인 4세기 4/4분기로 편년된다. 유적의 입지나 수혈건물지의 구조, 출토된 유물에 있어서 남해안의 해상루트를 통한 당시 지역간의 교류양상을 확인할 수 있다. 방형계의 평면형태가 주류를 이루며, 4주식의 주혈과 한쪽 벽면에 마련한 부뚜막이 다수 확인되고 있다. 이러한 구조의 수혈건물지는 동시기의 타원형계 수혈건물지가 주로 조영되는 전남동부권이나 경남서부권과는 차이를 보이며, 5세기전반대를 중심연대로 하는 창녕 계성리유적과 유사한 양상을 보인다(우리문화재연구원 2012). 4주식의 방형계 수혈건물지에 대해서는 한반도 서남부의 마한지역과 깊은 관련을 가지는 것으로 알려져 있으며, 실제 낙동강 이동지역에 분포하는 창녕 계성리유적(우리문화재연구원 2008)에 대하여 마한지역에 출자를 두고 있는 취락으로 인식되고 있다(유병록 2009).

요컨대, 거제 아주동 유적의 4주식 방형주거지의 구조나 출토유물 중 圓

低의 장동옹이나 圓孔의 시루는 영산강유역 출토품과 유사하다. 따라서 거제 아주동 유적은 서남부지역 마한계 주민의 이주와 관련지워 볼 수 있을 것이다. 거제도가 아라가야의 중심부인 함안과는 일정한 거리를 두고 있지만, 아라가야의 문물들이 전남지역에 파급되는 4세기말-5세기초엽경, 영산강유역권의 일부 이주민들이 아라가야와 인접하고 함안양식의 고식도질토기를 사용하는 거제도 아주동일대에 정착한 양상으로 이해할 수 있다. 이는 아라가야와 서남부 마한권역과의 인적·물적 교류의 일단면을 파악할 수 있는 중요한 자료이다.

Ⅲ. 아라가야와 백제

1. 한성기

현재로서는, 한성기에 백제와 아라가야와의 직접적인 관련성을 밝히기에는 고고학적 자료가 너무 부족하다. 한성기 가야와 백제간의 관계를 기존 연구성과를 통해 정리해 보기로 한다.

먼저, 박순발의 견해를 살펴보면 다음과 같다. 즉, "고령을 비롯한 서부 경남지역의 가야세력은 근초고왕대 이래 금강유역 세력을 매개로 백제의 중앙과 관계를 지속하면서 백제에의 의존이 심화된다. 이는 낙랑·대방 등 군현세력의 소멸과 함께 야기된 고구려와 백제간의 갈등이 고구려-신라 연합과 백제-영산강유역세력-가야-왜 연합의 대결구도로 발전된 당시의 정세와 밀접한 관련이 있을 것이다. 5세기 중엽경에 이르면 백제는 고령·합천 등의 가야세력에 대하여 환두대도와 같은 위세품을 사여함으로써 정치적 동맹관계를 지속해 나간 것으로 보인다. 한성기 백제의 대가야교섭에는 금강유역의 세력들이 밀접히 관련되어 있다. 백제와 가야와의 교섭 루트는 금강중상류지역에서 고령을 거쳐 낙동강 서안의 서부경남지역으로 이르는 경로가 상정될 수 있다"(박순발 2000).

한성기에 백제지역에서의 아라가야계 유물은 금산 창평리 출토 삼각투창고배[8]가 거론된 바 있다(강인구 1977, 박순발 2000). 강인구는 이 토기를 함안-낙동강-성주-영동을 경유하여 금산지역에 도착한 것으로 보고 있다. 이 토기는 유개식 삼각투창고배 중 이른 단계에 속하는데, 5세기전반대로 볼 수 있다(조영제 1990, 하승철 1999). 이러한 고배 형식은 마산 현동 48호묘, 의령 중리, 합천 삼가, 진주 우수리 등지에서 출토되었다. 그 중에서도 창평리 출토품은 마산 현동 48호묘나 의령 중리품과 흡사하여 주목된다. 따라서, 금산 창평리 출토품의 형식은 아라가야에서 기원한 유개식 삼각투창고배가 서부경남지역으로 파급되는 시기에 해당한다고 볼 수 있다(도면 4-1).

이와 같이 5세기전반-중엽경 한성백제는 서부경남지역의 제가야세력과 교류를 하고 있었으며, 이러한 교섭과정에 금산 등지의 금강유역 세력들의 중계적 역할을 상정할 수 있다(박순발 2000).

최근에 조사된 한성백제의 중심지인 풍납토성에서는 고구려나 신라 등의 외래계 유물은 거의 보이지 않고, 가야 중 서부경남지역의 가야계 유물이 적지 않게 확인된다. 이는 남조-백제-(소)가야-왜로 이어지는 교류 라인 내지 블록의 실체로 이해하게끔 한다(권오영 2002). 그런데, 종래 소가야계로 파악한 풍납토성 경당지구 24호 유구 출토 가야계 뚜껑(도면 4-2)을 아라가야계 토기로 보는 견해[9]가 타당하다면(홍보식 2008), 한성백제가 소가

---

[8] 삼각투창고배는 유개식으로서 회색 도질토기이다. 배부는 깊고 둥글며 뚜껑받이턱은 수평으로 크게 돌출하였고 뚜껑받이는 내경하였다. 뚜껑받이턱 아래에 1조의 돌대가 돌려진 것이 특징적이다. 대각은 나팔처럼 벌어졌으며 돌대에 의해 2단으로 구획되었는데 상단에 3개의 삼각형투창이 뚫려 있다.

[9] 경당지구 24호유구에서 출토된 뚜껑은 구연이 각이 약한 '>'자형이고, 개신 외면 상하에 각각

야와 교섭을 하는 과정에서 아라가야도 일정부분 관여되었을 가능성이 높다. 더구나 4세기후엽~5세기전반대에 전남 서남부 해안지역에서 아라가야계유물이 빈출된다는 점에서 아라가야와 백제중앙과의 교류도 상정할 수 있다. 소가야와 아라가야가 일정한 연결망을 가지고 한성백제와 교류가 이루어졌다면 그 경로는 서해안을 통한 해로였을 것이다[10].

한편, 가야권역에서 확인되는 백제계유물은 금동관, 이식, 장식대도 등의 금공품이 대부분이다(김규운 2011). 백제의 장식대도문화는 한성시기부터 시작되었으며 무령왕 대도의 제작의장에서 알 수 있듯이 웅진시기 후반 무렵 절정을 맞이한다. 이러한 백제의 대도문화는 정치적으로 밀접한 관계에 있었던 가야지역으로 전파되었다. 백제 한성기에 아라가야에서 확인되는 장식대도는 함안 馬甲塚 출토품이 있다(국립창원문화재연구소 2002).

마갑총 출토 대도는 上圓下方形 環과 칼등에 金入絲로 鋸齒文을 시문하였다(도면4-3). 이 대도는 把部의 장식판을 고정하기 위하여 5개의 刻目帶를 감아 장식하였다. 이와 유사한 환두는 백제의 경우, 천안 용원리 9호 석곽묘에서 확인된다. 마갑총 출토품 이외에 가야 대도 중에 금은 등으로 상감장식한 것은 합천 옥전 67-A호묘가 있다. 상감기법의 기원은 백제에서 찾는 것이 일반적이다. 즉, 七支刀를 비롯하여 천안 화성리나 용원리, 공주

1조의 횡침선을 돌린 후 횡침선 사이에 1조 직선의 즐묘열점문을 시문하였다. 즐묘열점문은 수직으로 눌린 후 좌측으로 끌어당겨 시문하였는데, 즐묘열점문을 위와 같은 기법으로 시문하는 사례는 아라가야계토기와 창녕계 토기에 일반적으로 나타난다. 아라가야계 토기의 뚜껑은 침선이 없거나 상하에 각각 폭이 넓은 1조의 횡침선을 돌리고, 횡침선 사이에 즐묘열점문을 시문한 점이 특징적이다. 창녕계 토기는 개신 중앙부에 4-5조 이상의 폭이 좁은 횡첨선을 돌린 후 횡침선대 위아래에 즐묘열점문을 시문한 특징이 있다(홍보식 2008).

10) 가야계 토기가 풍납토성으로 반입된 추정 루트는 남강-금강상류-남한강-한강라인과 경남 해안에서 서해안을 통한 연안라인이다. 이 두 루트 모두 가능성이 있지만, 5세기대에 백제권역에서의 가야계 유물의 분포지를 고려하면 내륙루트보다는 서해안을 이용한 루트가 이용되었을 가능성이 높다. 아라가야계 토기와 소가야계토기가 한강수계에 동시에 반입될 수 있는 루트는 내륙보다 해로를 이용하였을 가능성이 높다(홍보식 2008).

수촌리, 전 청주 신봉동 출토 대도 등 백제에서 지속적으로 출토되고 있기 때문이다. 마갑총 출토품은 5세기 전반 혹은 5세기 2/4분기로 편년된다. 이 무렵 백제금공품이 유입된 배경은 5세기를 전후한 시기의 양국간의 관계에서 찾아볼 수 있다. 전술한 바와 같이, 4세기말의 국제정세는 고구려-신라, 백제-가야-왜가 극한 대립관계를 이루고 있었고 그러한 상황속에서 백제와 가야는 밀접한 관계를 유지하고 있었다. 따라서 이 무렵 백제의 수많은 선진문물이 가야로 이입되었을 것이다(이한상 2006).

요컨대, 이 시기 가야의 지배 엘리트 고분에 매납된 위세품적 유물로 볼 때, 가야 지배 엘리트와 백제 중앙과의 교류는 일상적이고 물자교환의 경제적 목적보다 지배층의 권위를 상징하는 위세품의 수용적 성격이 강한 교섭관계로 이해할 수 있다(홍보식 2008).

2. 웅진·사비기

지금까지의 고고학적 자료로 보는 한, 백제 한성기에 백제와 가야의 교섭관계는 활발하지 않았다. 이는 백제 한성기까지는 고구려와의 정치·군사적 대립으로 인하여 백제의 가야로의 영향력은 제한적이었음을 시사한다.

따라서, 가야와 백제간의 본격적인 문물교류는 웅진기에 진행되었다고 볼 수 있다(최종규 1992, 홍보식 1998).

즉, 백제가 수도를 웅진으로 옮긴 이후의 어느 시점부터 교섭이 활발히 이루어지고 6세기 전반대가 되면 매우 활성화된다. 일반적으로 금속제 유물에 비해 토기류의 교류는 약간 늦게 진행된다. 환두대도·관모형 복발주·귀면문 금속 등과 같은 위세품을 비롯하여 관정 등의 백제계 문물이 5세기 4/4분기에서 6세기1/4분기에 집중적으로 대가야 문화권역의 대형고분에 부장되는 양상을 보인다. 이에 비해 토기류는 6세기 1/4분기에도 부분적으로 보이지만, 6세기 2/4분기가 되면 그 양이 많아지고 대형분과 소형분에도 부장된다. 앞시기에는 교섭의 주도세력이 대가야의 최고 집단과 주변의 특정 지배집단에 의해 독점되었고 그 이후가 되면 교섭의 대상폭이 넓어진다. 백제와 가야간의 교섭은 대개 가야가 백제의 문물을 거의 일방적으로 수용하는 양상을 보이는데, 이는 백제문화가 가야문화보다 선진적이었음을 시사한다.(홍보식 1998)

아라가야의 대외관계에 있어, 5세기후반~529년까지는 백제중앙과 가야제국과의 관계가 본격적으로 시작되고 백제가 섬진강유역의 서부가야 지역으로 진출하는 시기이다(남재우 2000). 아라가야는 신라의 적극적인 가야공략정책에 따라 남강중상류 수계를 장악하고 있던 소가야 및 대가야세력과의 공조관계를 공고히 결성하고 다라국을 통한 백제와의 적극적인 외교정책을 전개하려 했던 시대적 상황이 백제계 문물속에 반영된 것으로 보인다(이주헌 2000).

웅진·사비기의 백제와 아라가야와의 관계는 유물을 중심으로 살펴볼 수 있다.

백제의 영향으로 파악되는 유물로는 관정 및 관고리, 귀면문 장식금구, 장식대도, 공부다각형철모, 이식, 금동관, 토기 등이 있다.

1) 棺釘 및 棺고리(도면 4-5 6)

가야 횡혈식 석실에 출토된 관못과 관고리는 목관에 사용된 것이며 그 기원을 백제로 파악하는 것이 일반적이다(吉井秀夫 1995, 홍보식 2006a).

5세기후반대에 들어오면 고령 지산동 고분군과 함안 도항리 말산리 고분군의 대형고분에서 꺽쇠와 圓頭釘이 출토된 예가 있다. 원두정은 5세기 전반대까지 가야지역에 사용되지 않았고 백제권역에는 5세기 전반대에 천안 용원리 고분군 등 금강수계의 고분에서 관결구에 사용되고 있다. 원두정의 분포밀도와 출토된 수량을 고려하면 가야 수장층 고분의 주검보호시설을 만드는데 사용한 원두정은 백제의 그것을 모방하였을 가능성이 높다(홍보식 2008).

가야의 횡혈식 석실 가운데 못과 관고리가 함께 출토된 예로는 합천 옥전 M11호분, 진주 수정봉2호분·옥봉7호분, 의령 중동리4호분·운곡리 1호분, 함안 도항리 47호분(도면 4-4) 등이 있다. 또한 못만이 출토된 예로는 고령 고아동 벽화고분, 합천 저포리D-Ⅰ-1호분, 진주 무촌리5호분, 함안 도항리 5·8호분 등이 있다. 옥전 M11호분(금동), 저포리 D-Ⅰ-1호분석실, 도항리8호분(은)과 같이 머리 부분이 금동이나 은으로 장식된 예가 있는 것도 주목된다. 못 머리형태의 다양성은 목관을 조립하는 기능 외에 관을 장식하는 기능이 있었음을 시사한다(吉井秀夫 2008).

함안 도항리 〈문〉8호분에서는 모두 20점의 관정이 출토되었다. 대부분이 鐵製圓頭釘이나, 釘頭部를 銀箔으로 처리한 것도 6점이 된다.(국립창원문화재연구소 1999)

도항리 〈문〉47호분에서는 관정과 관고리가 출토되었다. 관정의 형태는 圓頭釘 모양이며, 圓頭가 兩端에 설치된 것도 3점 있다. 대부분이 길이 6cm내외의 소형이나 13cm가 넘는 것도 있다. 관고리는 총 4점이 출토되었는데, 2개체의 목관이 있었던 것으로 보인다(국립창원문화재연구소 2000).

함안지역의 초현기의 횡혈식석실은 석실 내부에 낮은 棺臺가 설치되어 있고 금 또는 은으로 장식된 관못과 관고리가 출토되고 있다. 낮은 관대와 장식관못을 사용한 목관의 존재는 백제지역 횡혈식 석실묘의 주요소인데, 백제지역에 있어서 장식관정으로 결합된 목관은 피장자의 계층차를 반영한다. 함안지역에서 확인되는 금·은 장식의 관정을 사용한 목관의 존재는 백제적인 新葬制의 적극적 수용으로 파악된다(이주헌 2000).

2) 鬼面文 裝飾金具(도면 5-1)

함안 도항리〈문〉54호분에서 귀면문 장식금구 4점이 출토되었다(국립창원문화재연구소 2001). 盛矢具 주변에서 출토된 것으로, 靑銅에 金箔을 입히고 가장자리에 金銅製의 작은 圓頭釘을 박아서 고정시킨 것이다.

〈문〉54호분은 수혈식 석곽묘로서 규모가 790×140×150cm에 달하는 최고수장층의 분묘이다. 실제로, 54호분에서는 백제와의 밀접한 교섭관계를 보여주는 외래계 유물[11]이 다수 출토되어 주목된다. 이러한 외래계 유물 중 하나가 귀면문 장식금구이다. 귀면금구는 합천 옥전 M3호분에서도 출토된 바 있다.

귀면문 장식금구와 같은 착장형 장신구는 피장자의 생전의 사회적 위상을 나타내는 표식적인 유물이다. 이러한 위세품은 백제지배층에게서 보이고 있어 그 기원을 유추케 하는데, 공주 송산리 1·3호 등에서 확인된 바 있다(홍보식 2007).

3) 裝飾大刀

함안 도항리〈문〉54호분(국립창원문화재연구소 2001)에서 裝飾大刀가 출토되었다. 도항리〈문〉54호분 출토 大刀는 環에 雙龍紋이 표현되어 있으며 그 위에 얇은 銀板을 씌운 것이다(도면 5-2).

도항리 〈문〉54호분 출토 은제용문환두대도는 옥전 M3호분 출토 용봉문환두대도처럼 용의 형상이 힘차고 사실적이다. 당시 지배층의 위세품으로서 가야 각 지역에서 확인된 장식환두대도 가운데 백제계로 보이는 8점 중 6점이 대가야지역에서 출토되었고 그 중 4점이 합천지역의 5세기후반대 수장층 중심묘역인 옥전고분군에서 출토된 바 있다(박순발 2000). 이는 도항리 〈문〉54호분 출토 은제용문환두대도의 계보를 파악하는데 중요한

---

[11] 銀製雙龍紋環頭大刀, 鐵地銀裝製劍菱形杏葉, 瓶形土器 등을 들수 있다.

시사점을 준다. 즉, 5세기전반대부터 지배층의 상징적인 의기인 유자이기를 공유하는 옥전고분군 세력집단과 도항리고분군 세력집단간의 밀접한 관계를 엿볼 수 있고 5세기 후반대의 도항리 〈문〉54호분 출토 장식대도와 병형토기도 이러한 상호관계 속에서 백제로부터 多羅國을 매개로 하여 아라가야에 입수되었던 것으로 보인다(이주헌 2000).

4) 銎部 多角形鐵鉾(도면 5-3)

가야의 鐵鉾는 銎部 斷面이 원형·타원형인 것과 8각·10각 등 각을 이루는 것으로 구분되는데, 공부가 각을 이루는 철모는 백제와 대가야·아라가야권역에서 출토된다(홍보식 2008).

아라가야권역에서 銎部가 팔각형인 철모는 도항리 〈現〉5호분에서 출토 예가 있으며, 5세기후엽으로 편년된다(국립창원문화재연구소 2004).

銎部가 多角形인 철모는 백제가 가야지역보다 더 이르며, 백제 전역에서 확인되고 있어 백제에서 먼저 성립한 것으로 보인다. 무령왕릉 출토 무기류 가운데 環頭大刀와 장도 등의 頭部裝飾·把部 등도 단면이 8각형으로 되어 있고 송산리 고분 출토의 은제 환두장식품도 역시 단면 팔각형의 모티브가 있는 것이다. 가야권역 내에서 남원·함양 등 주변지역으로의 다각형 철모의 확산에는 백제로부터의 직접적인 영향이라기보다는 고령계 토기의 분포상황으로 볼 때 고령으로부터 2차적인 확산일 가능성이 있다(김길식 1994).

함안 도항리 〈문〉54호분 출토 장식대도가 백제로부터 대가야권역의 다라국을 거쳐 아라가야에 입수된 것이라면, 공부 다각형철모도 백제-대가야-다라-아라가야 지배집단간의 교섭의 산물로 볼 수 있다.

5) 耳飾 및 金銅冠

가야적인 장신구가 탄생하기까지는 백제로부터의 영향력이 절대적이었다. 가야에서 장신구문화가 개시되는 5세기전반의 장신구 중에는 백제의 그것과 매우 유사한 사례가 다수 확인되기 때문이다. 5세기후반이후가 되면 가야적인 특색을 갖춘 장신구가 등장한다(이한상 2011).

백제에 연원을 두고 있다고 판단되는 이식은 함안 도항리 '4-가'호분에서 출토되었다(도면 5-4). '4-가'호분은 백제의 영향하에 축조되었다고 판단되는 4호 횡혈식 석실분의 배장묘이다(국립창원문화재연구소 1999). '4-가'호분 출토 이식은 대가야이식과는 제작기법이 달라 6세기전반대의 함안에는 아라가야적인 이식문화가 존재하였던 것으로 보인다(이한상 2011).

한편, 함안 도항리 〈현〉8호분에서 백제계 금동관(편)이 출토된 바 있다. 이러한 금동관은 완제품이 반입된 것으로 파악되고 있다(홍보식 2007).

6) 土器

아라가야 권역에서의 백제계 토기는 도항리 〈문〉54호분 출토 병형토기(1점)와 도항리 〈문〉47호분 출토 단각고배(7점), 도항리 〈경상〉8호 석곽묘 단각고배(2점)가 대표적이다(도면 5-5 · 6).

〈문〉54호분 출토 병형토기는 회백색의 도질에 가까운 와질제이다(국립창원문화재연구소 2001). 한성기의 병은 몸체의 아랫부분이 부른 것이나 아래위의 직경이 대체로 비슷한 것이 주류를 이룬다. 이에 비해 웅진기의 병은 한성기의 형태를 유지하면서도, 몸체의 중간부분이 배가 부른 구형의 형태를 이루는 특징을 갖는다(박순발 2006, 김종만 2007). 이러한 점을 참고하면 〈문〉54호분 병형토기는 한성기말에서 웅진기 초의 과도기 단계로 보인다.

5세기전반대부터 지배층의 상징적인 의기인 유자이기를 공유하는 합천 옥전고분군 집단과 도항리고분군 집단간의 밀접한 관계에 근거하여,

〈문〉54호분 출토 장식대도와 병형토기는 백제로부터 대가야권역인 多羅國을 매개로 하여 아라가야에 입수되었던 것으로 파악하는 견해가 제시된 바 있다(이주헌 2000). 이와 관련하여, 〈경상〉8호 석곽묘에서 출토된 백제계 단각고배와 동반된 유물 중에 대가야계통의 개가 확인되어 주목된다(경상문화재연구원 2011).

한편, 〈문〉47호 출토 고배는 유개식이며 얕은 盃身에 나팔상으로 벌어진 脚部를 갖추고 있다. 脚上位에 세장방형의 투창이 3곳에 배치되어 있고, 下位에는 小形圓孔이 횡으로 2개씩 組를 맞추어 세장방형 투창과 交互되도록 배치되어 있다(국립창원문화재연구소 2000). 〈경상〉8호 석곽묘 단각고배(2점)도 〈문〉47호 출토품과 흡사하여, 양자는 아라가야 고배 속성과 백제계 속성이 혼합된 셈이다. 즉, 전체적인 기형이나 장방형 투창은 재지 아라가야토기의 속성이 강하고, 원형의 투공이나 낮은 각부, 杯身이 얕고 底部가 평저상을 띠며, 뚜껑받이턱이 약하게 돌출되어 있는 것은 6세기 전반대 백제계 토기의 속성이다(홍보식1998, 이주헌2000). 따라서 이 고배는 아라가야지역에서 백제계 고배 속성을 가미하여 제작하였던 것으로 보인다.

그런데, 〈문〉54호분단계와 〈문〉47호 단계의 백제양식 토기의 유입은 그 성격이 조금 다른 것으로 파악된다. 즉, 전자는 백제 한성기말·웅진기 초로서 고구려와 대결하는 와중에 가야의 직·간접적 도움이 필요한 시점으로, 주요 가야정치세력에 백제의 위세품이 들어오는 정치적 교섭 단계이다. 전술한 바와 같이 〈문〉54호분에서는 백제계 위세품들과 더불어 백제계 토기가 1점만 출토되었다. 이에 비해, 후자는 백제 속성을 가진 고배가 9점에 달한다. 아라가야지역에서 백제계 속성을 가진 토기를 여러 점 제작할 수 있다는 것은 백제의 영향력이 단순히 위세품을 전달하는 단순한 교섭관계가 아니라는 것을 의미한다. 이러한 백제계 속성을 가진 토기는 합천 옥전, 합천 반계제, 합천 봉계리, 합천 창리, 진주 수정봉, 하동 고이리 등의 고분군에서 6세기 전반대, 특히 6세기 2/4분기를 중심으로 집중적으로 출토된다. 이는 백제가 6세기 2/4분기에 섬진강을 넘어 경남서부권에 정치·군사적으로 영향력을 행사하는 시기와 일치하며, 문헌기사에서도 언급되는 바와 같다. 백제계 횡혈식 석실분이 6세기전반대를 중심으로 서부경남지역에 동시다발적으로 파급되는 것도 같은 맥락일 것이다.

Ⅳ. 맺음말

본고에서는 고고학적 자료를 바탕으로 아라가야와 마한·백제와의 관련성을 살펴보았다.

전남지역에서 주로 보이는 4세기후반-5세기 전반의 아라가야계 유물은 마한과의 경제적 교류관계로 보고, 아라가야의 수장급 고분에서 보이는 5세기 이후의 백제중앙의 위세품은 아라가야와 백제와의 정치적 교섭관계로 파악하여 구분해 보았다.

아라가야와 전남의 마한세력과의 관계에 있어서 아라가야 문물이 전남의 마한세력에 전달되는 면을 보이는데, 이는 당시 토기나 철문화에 있어서 아라가야가 선진지역이었음을 의미한다. 아라가야계 토기와 철정이 무덤에 부장되는 경우가 있어 외래계 유물을 부장품이나 위세품으로 활용했음을 알 수 있다.

전남지방의 마한권역에 전파된 아라가야토기는 적지 않은 영향을 미치고 있다. 특히, 아라가야토기를 중심으로 한 가야토기들이 유입되어 변형 재생산되면서 5세기대 영산강유역양식토기의 형성에 지대한 영향을 끼친다. 지금까지의 자료로 보는 한, 금관가야보다는 아라가야가 마한권역에 더 큰 영향을 주었다고 볼 수 있다.

이에 비해, 아라가야권역에서 확인되는 마한문화의 흔적은 아직까지 많지 않다. 4세기후반-5세기전반대에 일부 토기형식의 유입이 보이고, 서남부 마한계의 주거형식이나 유물이 출토되는 이주의 흔적이 소수 확인될 뿐이다. 교류물품에서 보면, 마한과 아라가야와의 관계는 경제적인 측면이 더 강하다고 볼 수 있다.

반면, 백제중앙과 아라가야와의 관련성을 보여주는 유물은 5세기후반-6세기전반대에 주로 확인되는데, 아라가야 중심부인 도항리 고분군에서 금공품 등의 백제계 위세품들이 출토된다. 6세기전반대에 아라가야를 포함한 加耶諸國에 백제계문물의 광범위한 확산은 가야를 사이에 두고 신라·백제간에 영역다툼이 본격화되면서 백제의 영향력 확대라는 측면과 무관하지 않을 것이다. 백제중앙과 가야간의 교섭은 대개 백제 문물이 일방적으로 가야에 수용되는 양상을 보이는데, 아라가야도 동일하다. 이는 백제문화가 가야문화보다 선진적이었음을 시사한다.

끝으로, 본 논문의 작성에 있어 한신대 권오영 선생님, 경북대 박천수 선생님, 부산박물관 홍보식 선생님, 경남발전연구원 하승철 선생님의 조언이 있었다. 이에 고마움을 표한다.

〈참고문헌〉

강인구, 1977, 「금산의 고분과 토기류」, 『백제연구』3, 충남대 백제연구소
경남고고학연구소, 2000, 『도항리·말산리유적』
경상문화재연구원, 2011, 『함안 도항리 고분군-도항리 428-1번지 일원-』
국립광주박물관, 1989, 「해남 원진리 옹관묘」, 『영암 와우리 옹관묘』
_____, 1990, 『영암 만수리 4호분』
국립창원문화재연구소, 1997, 『함안 도항리 고분군Ⅰ』
_____, 1999, 『함안 도항리 고분군Ⅱ』
_____, 2000, 『함안 도항리 고분군Ⅲ』
_____, 2001, 『함안 도항리 고분군Ⅳ』
_____, 2002, 『함안 마갑총』
_____, 2004, 『함안 도항리 고분군Ⅴ』
권오영, 1986, 「초기백제의 성장과정에 관한 일고찰」, 『한국사론』15, 서울대 국사학과
_____, 2002, 「풍납토성 출토 외래유물에 대한 검토」, 『백제연구』36
김규운, 2011, 「5세기 한성기 백제와 가야 관계」, 『중앙고고연구』9, 중앙문화재연구원
김상민, 2007, 「영산강유역 삼국시대 철기의 변화상」, 『호남고고학보』27.
김종만, 2007, 『백제토기의 신연구』, 서경문화사
김태식, 1993, 『가야연맹사』, 일조각
김형곤, 2002, 「화염형투창토기의 재인식」, 『가야문화』제15호
남재우, 1997, 「포상팔국전쟁과 그 성격」, 『가야문화』10.
_____, 2000, 「문헌으로 본 안라국사」, 『가야 각국사의 재구성』, 혜안
_____, 2003, 『안라국사』, 혜안
_____, 2011, 「안야국에서 안라로의 변천」, 『고대 함안의 사회와 문화』, 2011년 아라가야 역사학술대토론회, 함안박물관·함안문화원
노중국, 1987, 「마한의 성립과 변천」, 『마한백제문화』제10집
목포대박물관, 2003, 『함평 중랑 유적Ⅰ』
_____, 2005, 『장흥 상방촌 A유적Ⅰ』
_____, 2010, 『해남 신월리 고분』

박미라, 2010,「전남동부지역 가야계토기 출토 주거지의 성격」,『문화사학』33호, 한국문화사학회

박순발, 1998,「4-6세기 영산강유역의 동향」,『백제사상의 전쟁』, 충남대백제연구소

＿＿＿, 2000,「가야와 한성백제」,『가야와 백제』, 제6회 가야사학술회의(김해시)

＿＿＿, 2006,『백제토기 탐구』, 주류성

박천수, 2006a,「임나사현과 기문, 대사를 둘러싼 백제와 대가야」,『가야, 낙동강에서 영산강으로』, 제12회 가야사국제학술회의, 김해시

＿＿＿, 2006b,「3-6세기 한반도와 일본열도의 교섭」,『한국고고학보』61.

＿＿＿, 2010,『가야토기』, 진인진.

백승옥, 2003,『가야 각국사 연구』, 혜안

백승충, 2002,「안라국의 대외관계사 시고」,『고대 함안의 사회와 문화』, 국립창원문화재연구소 2002년도 학술대회

서현주, 2011,「서남해안지역의 토기문화와 가야와의 교류」,『삼국시대 남해안지역의 문화상과 교류』, 제35회 한국고고학전국대회.

성정용·성수일, 2012,「철정을 통해 본 고대 철의 생산과 유통」,『한반도의 제철유적(주요유적 종합보고서Ⅳ)』, 한국문화재조사연구기관협회.

우리문화재연구원, 2008,『창녕 계성리 유적』

＿＿＿＿＿＿＿, 2012,『거제 아주동 1485번지 유적』

우지남, 2000,「고찰2. 함안지역 출토 도질토기」,『도항리 말산리 유적』, 경남고고학연구소

유병록, 2009,「삼국시대 낙동강하류역 및 남해안 취락의 특성」,『영남지방 원삼국·삼국시대 주거와 취락』, 제18회 영남고고학회 학술발표회.

이도학, 1995,『백제고대국가 연구』, 일지사

이동희, 2004,「전남동부지역의 가야계 토기와 역사적 성격」,『한국상고사학보』46

＿＿＿, 2011,「삼국시대 전남동부지역의 문화상과 교류」,『삼국시대 남해안지역의 문화상과 교류』, 제35회 한국고고학전국대회.

이병도, 1976,『한국고대사연구』, 박영사

이성주, 2000a,「고고학을 통해 본 아라가야」,『고고학을 통해 본 가야』, 한국고고학회

＿＿＿, 2000b,「가야사회의 변동과 국가형성」,『동아세아의 국가형성』, 제10회 백

제연구국제학술대회

이유진, 2007, 『한반도 남부 출토 유공광구호 연구』, 부산대학교 석사학위논문.

_____, 2011, 「가야지역 출토 유공광구호의 양상과 성격」, 『유공소호』, 진인진

이주헌, 2000, 「아라가야에 관한 고고학적 검토」, 『가야각국사의 재검토』

이한상, 2006, 「장식대도로 본 백제와 가야의 교류」, 『백제연구』43, 충남대 백제연구소

_____, 2011, 『동아시아 고대 금속제 장신구문화』, 도서출판 고고

정주희, 2009, 「함안양식 고식도질토기의 분포정형과 의미」, 『한국고고학보』73.

_____, 2011, 「4세기대 전남동부지역 출토 가야토기의 분포와 의미」, 『경북대학교 고고인류학과 30주년 기념 고고학논총』, 경북대학교출판부.

조영제, 1990, 「삼각투창고배에 대한 일고찰」, 『영남고고학』7

최종규, 1992, 「濟羅耶의 文物交流」, 『백제연구』23집

하승철, 1999, 「서부경남토기에 대한 일고찰」 『우수리소가야묘군』, 경남고고학연구소

_____, 2005, 「가야지역 석실의 수용과 전개」, 『가야문화』18호,

호남문화재연구원, 2003, 『나주 용호고분군』

_____, 2006, 『장흥 상방촌 B유적』

홍보식, 1998, 「백제와 가야의 교섭」, 『백제문화』27

_____, 2006a, 「대가야의 문화교류」, 『악성 우륵의 생애와 대가야의 문화』(대가야학술총서 3), 고령군·대가야박물관·계명대학교 한국학연구원

_____, 2006b, 「한반도 남부지역의 왜계 요소: 3-6세기를 중심으로」, 『한국고대사연구』44

_____, 2007, 「신라 가야권역의 마한·백제계 문물」, 『4-6세기 가야·신라고분 출토의 외래계 문물』, 제16회 영남고고학회 학술발표회

_____, 2008, 「문물로 본 가야와 백제의 교섭과 교역」, 『호서고고학』18

吉井秀夫, 1995, 「百濟の木棺-橫穴式石室墳出土例を中心として-」, 『立命館文學』第542號,

_____, 2008, 「횡혈계 묘제를 통해서 본 6세기의 가야와 주변제국」, 『6세기대 가야와 주변제국』, 제14회 가야사국제학술회의, 김해시

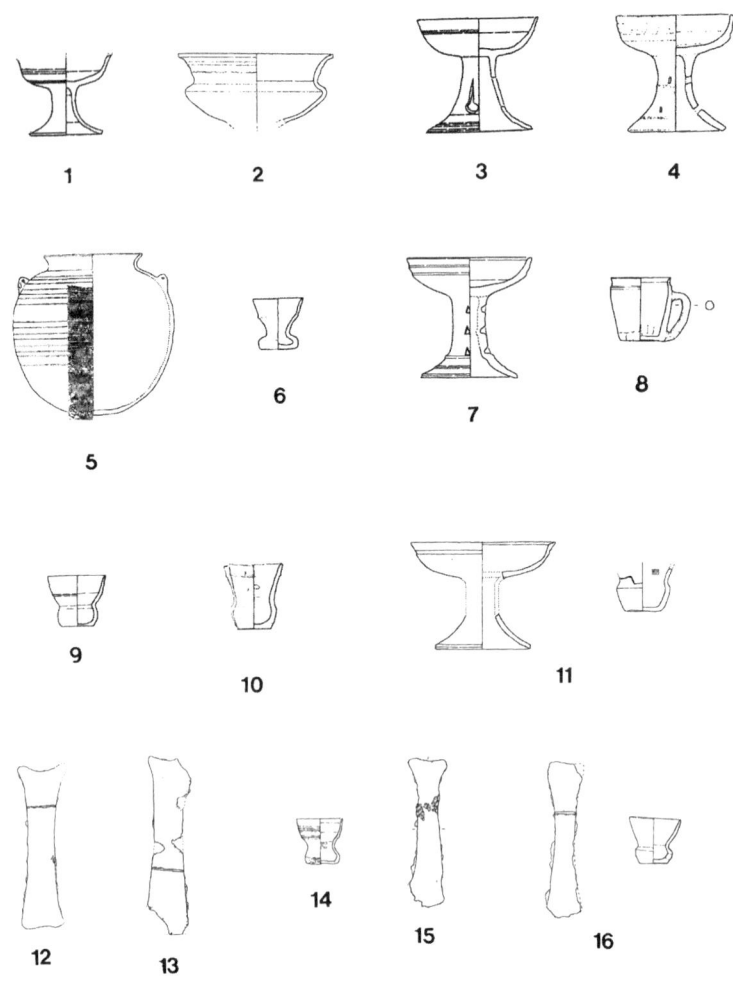

|도면 1| 전남지역 아라가야 관련 유물(축척부동)
①여수 장도 수습 ②광양 창촌 2호주거지 ③광양 용강리 2호 수혈 ④여수 죽림리 2-6호 토광묘 ⑤여수 고락산성 3호 주거지 ⑥고흥 신촌1호 토광묘 ⑦장흥 신월리 수습 ⑧장흥 상방촌A10호 주거지 ⑨함평 만가촌14-3호 목관묘 ⑩해남 분토1-4호 토광묘 ⑪해남 군곡리 주거지 ⑫해남 원진리 농암1호 옹관묘 ⑬해남 봉학리 신금옹관묘 ⑭영암 만수리 4호분 10호 목관묘 ⑮영암 만수리 4호분 11호 목관묘 ⑯해남 신월리 고분

유구명	철정	광구소호	편년
도항리 (문)10호	168		5세기 전반
도항리 (문)48호	374		5세기 전반
도항리 (문)27호			5세기 전반
도항리 (문)36호			5세기 전반
도항리 (문)54호			5세기 후반
도항리 (현)8호			5세기 후반
도항리 (현)22호			5세기 후반
도항리 (현)15호			5세기 후반

|도면 2| 아라가야권역의 주요 철정 및 광구소호 변천

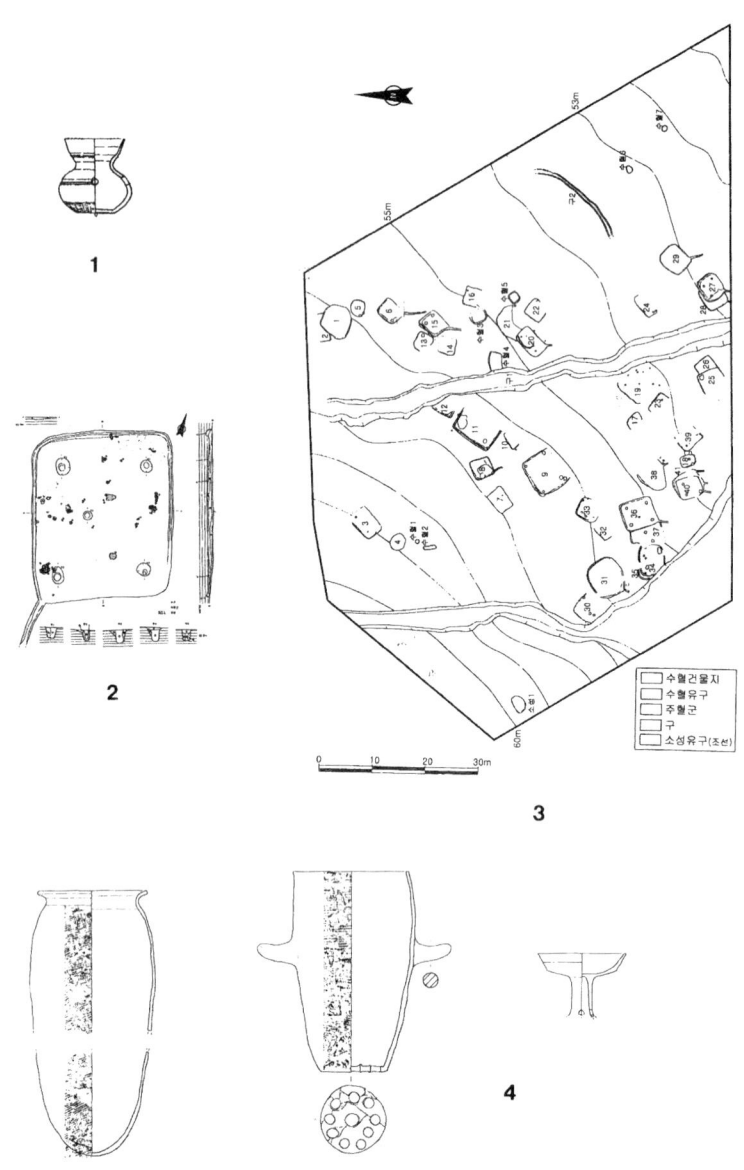

|도면 3| 아라가야권역의 마한 관련 유적 및 유물
①함안 도항리(경)13호묘 출토 유공광구소호 ②거제 아주동 Ⅰ-36호 건물지 ③거제 아주동 취락유적 Ⅰ구역 유구배치도 ④거제 아주동 취락유적 출토유물

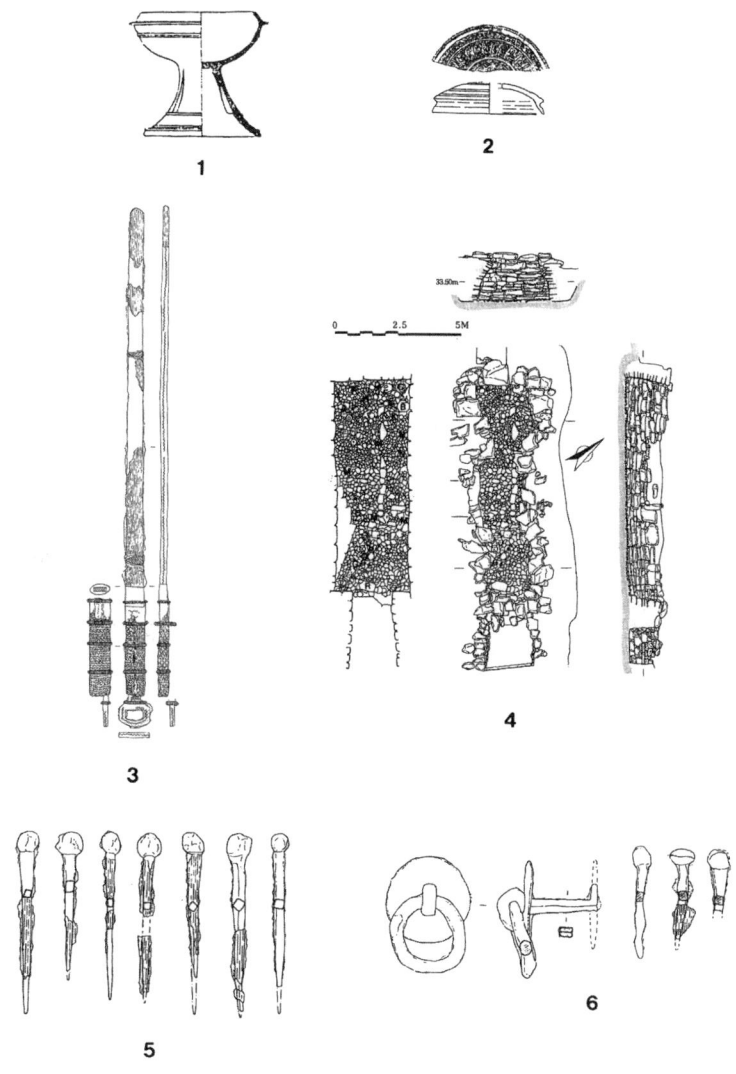

|도면 4| 아라가야와 백제 교류 관련 유적 및 유물
①금산 창평리 삼각투창고배 ②서울 풍납토성 경당지구 24호 유구 뚜껑 ③함안 마갑총 장식대도 ④함안 도항리 〈문〉47호 횡혈식석실분 ⑤함안 도항리 〈문〉8호분 관정 ⑥함안 도항리 〈문〉47호분 관정 및 관고리

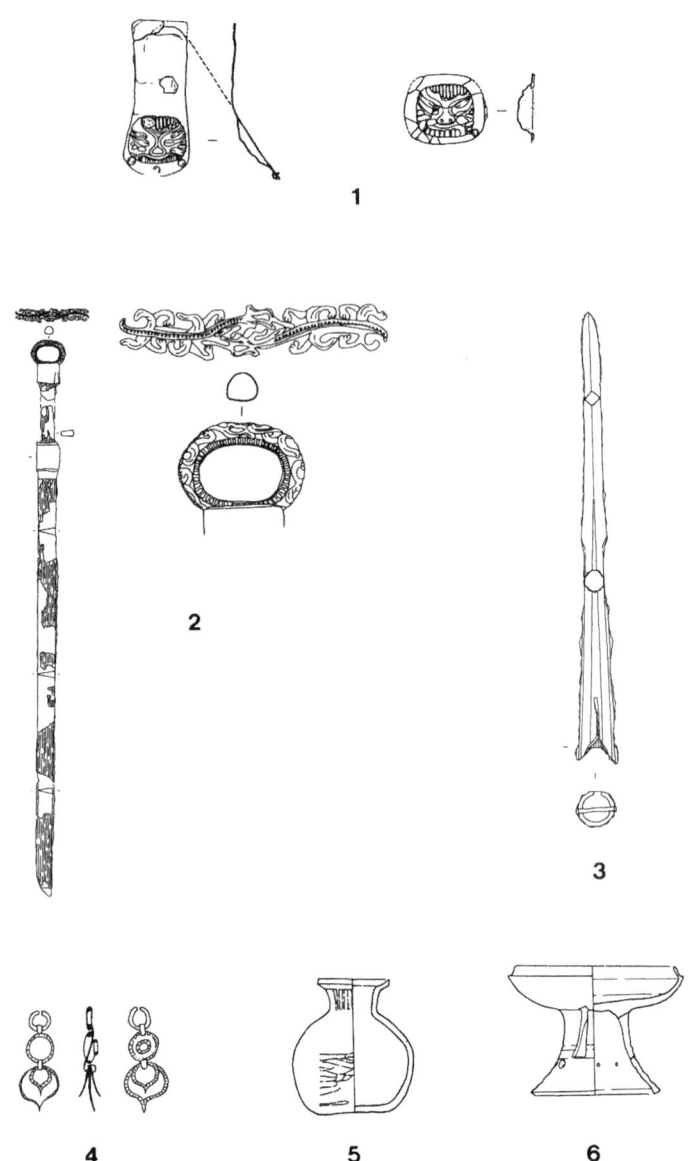

|도면 5| 아라가야와 백제 교류 관련 유물
①함안 도항리 〈문〉54호분 귀면문 장식금구 ②함안 도항리 〈문〉54호분 은제용문환두대도 ③함안 도항리 〈현〉5호분 공부 다각형철모 ④함안 도항리 '4-가' 호분 이식 ⑤함안 도항리 〈문〉54호분 병형토기 ⑥함안 도항리 〈문〉47호분 고배

고고자료를 통해 본 아라가야와 왜의 교류

하승철(경남발전연구원)

Ⅰ. 머리말

　경상남도 함안군 지역을 중심으로 존재한 아라가야가 김해의 금관가야, 고령의 대가야와 함께 가야제국의 중심 세력이었음은 재론의 여지가 없다. 그러나 3~4세기 금관가야와 왜, 5~6세기 대가야와 왜의 교류는 매우 활발한 것으로 연구되고 있는 반면 아라가야와 왜의 교류에 대한 실상은 잘 알려져 있지 않다. 이러한 문제점을 인식하고, 본 考에서는 4-6세기 아라가야와 왜의 교류와 그 실태에 대해 연구를 진행해보고자 한다.
　글의 전개는 먼저 아라가야와 왜의 교류에 대한 연구 현황을 살펴보고, 아라가야와 왜의 교역로에 대해 간략히 언급할 예정이다. 다음으로 아라가야권역 왜계고분과 출토유물에 대해 살펴볼 것이며 반대로 일본열도 출토 아라가야 유물에 대해서도 검토해 보고자 한다. 말미에는 아라가야와 왜의 교류와 그 변화양상을 살펴볼 것이며, 특히 금관가야의 몰락과 신라 세력의 팽창에 따른 가야사회 내부의 교역체계 변동과 그 결과에 대해서도 고찰해 보고자 한다.

II. 연구사

竹谷俊夫(1984, 2002)는 일본 천리시 후루(布留)유적과 오사카 나라분지에서 발견된 화염형투창토기를 검토하여 그 原鄕을 함안으로 파악하였다. 그는 화염형투창토기가 일본 긴키(近畿)지역에 집중하는 것으로 이해하였고 긴키지역과 함안이 밀접한 교류관계를 맺고 있었음을 상정하였다. 특히 일본 스에키의 등장에 함안 토기문화가 강한 영향을 미친 것으로 이해하였다.

이주헌(2000:281-284)은 왜와 아라가야의 상호교류를 보여주는 것으로 도항리 〈舊〉34호분 출토 直弧文鹿角製刀劍裝具와 일본 천리시 후루(布留)유적 출토 화염문투창고배의 사례를 들었다. 특히 直弧文에 대해 세밀하게 관찰하여 기술하였으며 5세기 후반 아라가야와 왜 수장층의 교류를 통해 수입된 것으로 파악하였다. 필자 역시 직호문에 대한 그의 견해에 대부분 찬동하며 Ⅳ장에서 약간 부연 설명해두기로 한다.

또한 이주헌은 고고자료에 반영된 아라가야의 대외관계가 시간의 흐름에 따라 변화하는 것으로 보고 3시기로 구분하였다. Ⅰ기는 4세기 후반에서 5세기 전반에 걸친 시기로 아라가야는 신라와 부산 복천동고분군 집단과 중점적으로 교류한 것으로 이해하였다. Ⅱ기는 5세기 후반대로서 왜의 기내(畿內)중앙정권과 창녕을 매개로 한 신라와의 교류를 상정하였다. Ⅲ기는 6세기 전반대로 고성 소가야세력과 대가야, 백제와 폭넓게 교류한 것으로 파악하였다. 이주헌이 제시한 자료에 대해서 필자 역시 타당한 것으로 받아들이지만 창녕을 매개로 한 신라와의 교류에 대한 증거는 부족하며 앞으로 재검토 되어야 할 것으로 판단한다. 아라가야와 왜의 교류시기 역시 조정이 필요해 보이는데 5세기 후반대에 한정된 것이 아니라 4세기 후반에서 5세기대에 걸쳐 장기간 지속된 것으로 파악한다. 마산 현동 8호 출토 하지키 고배, 창원(舊마산) 대평리 II-22호 출토 하지키계 소형기대로 볼 때 4세기 후반부터 아라가야와 왜의 교류는 이미 진행되고 있었음이 드러나고 있다.

이영식(2002)은 안라국과 서일본지역의 교류를 나타내는 고고학자료, 전승자료, 문헌기록을 3~4세기, 5세기, 6세기의 3단계로 나누어 검토하였다. 3~4세기대는 長崎縣 對馬島와 大阪府 출토 승석문타날단경호를 함안양식으로 파악해야 한다는 입장을 취했고, 5세기 전엽의 大阪府 野中古墳 출토 유개대부파수부잔, 大庭寺遺蹟 고배류를 함안토기로 보거나 함안지역 공인의 영향을 받아 제작된 것으로 이해하였다. 5세기대는 奈良縣 南山4호분 출토 기마인물형토기, 긴키지역 출토 화염형투창토기, 도항리(舊)34호분 출토 直弧文鹿角製刀劍裝具를 통해 양국의 교류가 지속되고 있음을 고찰하였다. 특히 奈良縣 南鄕柳原遺蹟에서 확인된 大壁建物址를 安羅를 비롯한 가야계와 관련된 것으로 이해하고 있는 점은 주목된다. 고고학자료, 지명, 전승자료 등을 분석하여 일본열도에 진출한 가야인의 행적을 추적한 것은 연구 시야를 폭넓게 하는 데 일조한 것으로 평가된다.

조수현(2006)은 일본에서 출토된 화염형투창고배를 소개하면서 이 토기들이 流路나 생활유적에서 출토되는 점에 주목하여 함안지역을 염두에 둔 일종의 제사의례와 관련된 것으로 추측하였다. 그러나 필자는 화염형투창고배가 특별한 상징을 가진 것으로 보지 않으며 유로나 생활유적에서 출토된다고 하여 제사의례와 관련된 것으로도 보지 않는다. 단, 토기의 여러 가지 용례에 제사의례도 포함됨은 당연하다.

박천수(2007)는 3~6세기대 가야, 신라, 마한·백제와 왜국의 교섭에 대해 폭넓은 시야로 명쾌한 해석을 제시한 바 있다. 3~4세기대 아라가야와 왜의 교섭은 長崎縣, 福岡縣, 島根縣, 鳥取縣 등 서일본 출토 양이부승석문타날호를 통해 이해하였고, 5세기 전엽의 四國지방 스에키요에 아라가야 공인이 대거 참여했을 가능성을 제시하였다(박천수 2007:217). 또한 5세기 전

엽의 愛媛縣 猿ヶ谷 2호분 출토품과 船ヶ谷유적 출토 소형 기대를 아라가야 양식으로 파악하였다. 그러나 6세기에 접어들면 아라가야와 왜의 교섭은 급격히 줄어든 것으로 이해하였다. 박천수의 견해에 찬동하지만 3~4세기대 양이부승석문타날호를 아라가야와 왜의 직접적인 교섭의 산물로 이해할 수 있는가에 대해서는 심도 깊은 논의가 필요해 보인다.

Ⅲ. 아라가야의 對倭 교역로

아라가야의 對倭 교역로는 남강-낙동강을 통한 간접적인 교역로와 진동만과 마산만을 통한 직접적인 교역로(김형곤 1995)로 구분해 볼 수 있다.

남강, 낙동강을 이용한 간접교역로는(도면1-3) 함안-함안 법수면·대산면-창녕 남지-김해로 이어지며 낙동강을 통해 운송된 내륙의 물자가 김해에 집산된 후 마한·백제, 중국, 왜 등지로 수송된다. 이는 원삼국시대부터 활발히 이용되었던 루트이며 4~5세기 전엽의 시기에 아라가야와 금관가야를 긴밀하게 연결시켜준 교역로이다. 부산 복천동 57호·54호, 김해 대성동 2호 출토 아라가야 노형기대, 통형고배, 양이부단경호 등은 낙동강교역로를 통해 전달된 유물들이다. 그러나 김해세력이 쇠퇴한 5세기 중엽 이후 양국의 물자이동이 단절되는 것으로 보아 교역체계의 재편이 있었던 것으로 파악된다.

진동만 교역로는(도면1-1) 함안-함안 봉성리-함안 여항면-대티고개-창원 진동만으로 이어지는데 현재 79번 국도가 지나는 길과 일치한다. 진동만에 조성된 창원(舊마산) 진북 대평리유적과 신촌리유적에 다수의 아라가야 유물이 출토되고 있고, 함안의 중심고분군인 말산리고분군에서 진동만까지 20km 정도에 지나지 않아 진동만 일대가 함안의 주요 항구로 기능하였을 가능성은 높다. 특히 대평리유적 M1호분은 입지 및 규모가 탁월한 왜계고분으로 묘제 및 출토된 스에키로 볼 때 아라가야와 소가야, 왜와의 교역을 담당한 피장자를 상정해 볼 수 있다. 또한 진동만일대는 청동기시대 남해안의 물류거점인 진동유적이 존재하고, 조선시대 남해안 방어에 주요한 일익을 담당한 진해현성이 있는 것으로 보아 교역의 주요한 거점이었음이 역사적으로 증명되고 있다.

마산만 교역로는(도면1-2) 함안-함안 산인-창원 중리-창원 내서읍-마산만으로 이어지는데 남해고속도로에서 5번 국도로 연결된 길과 일치한다. 창원(舊 마산) 현동유적이 대표적인 유적이며 현동 8호, 22호, 43호 출토 왜계토기들이 교류의 증거이다. 최근 이루어진 현동유적 발굴조사(동서문물연구원 2009)를 통해 다수의 하지키가 출토되었고, 한일교역에 사용되었을 가능성이 높은 준구조선의 형태를 띤 舟形土器가 출토되었으며, 제철관련 유구도 다수 조사되어 남해안 교역의 주요한 역할을 수행했던 곳임이 다시 한 번 입증되었다. 현동유적 일대는[1] 함안, 마산만, 창원 분지와 남해안이 연결되는 최적의 입지를 가지고 있으나 진동만 일대보다 고분군의 규모가 작고 유적의 밀집도도 떨어진다.

IV. 아라가야 출토 왜계문물

1. 창원(舊 마산) 진북 대평리 I 지구 M1호분

대평리유적은 2009년 7월부터 2010년 1월까지 경남발전연구원 역사문화센터에서 발굴조사를 실시하여 가야시대 봉토분 1기, 목곽묘 55기, 석곽

---

1) 마산만은 남해안에서 창원으로 길게 이어져 있는데 함안의 항구는 현동유적과 가까운 덕동마을 일대로 본다.

묘 3기를 조사하였다.

대평리유적 Ⅰ지구 M1호분은(도면 2-1) 기존의 묘역에서 분리된 구릉 정상부에 단독으로 입지하며, 구조 및 축조수법으로 보아 왜계고분으로 분류되고 있다(경남발전연구원 2011). 구체적으로 살펴보면 다음과 같다.

① 대평리 M1호분은 4~5세기에 형성된 대평리유적에서 약 500m 이격된 지점의 돌출된 구릉 정상부에 단독으로 입지하는 것이 특징이다. 대평리유적은 4~6세기 고분군이 밀집 조성되어 있는데 대부분 구릉 사면에 유구가 집중 조성되어 있다. 그러나 M1호분은 진동만을 한눈에 내려다볼 수 있는 구릉 정상부에 단독으로 축조되어 있어 조성 배경이 다르다.

② M1호분 주곽은 지상식이며 석곽의 길이는 340cm로 짧고, 너비45cm로 좁은 세장방형구조이다. 반면 벽석 뒤쪽은 다량의 천석을 이용하여 넓게 부석하였다. 석곽의 단벽은 말각 또는 둥글게 축조하였고 최하단석은 들여쌓기 하였는데 단면의 형태는 구유형에 가깝다.

③ 주구, 즙석설치부에 조성되어 있는 3기의 석곽묘는 주곽과 동시에 축조된 것으로 판단된다. 특히 M1-2호는 즙석 아래에 축조되어 있어 동시에 만들어진 것이 확실하다. 동시성을 고려하면 순장곽으로 판단할 수도 있다. 그러나 함안 아라가야 수장층의 경우 석곽내 주피장자 족하부에 순장자 5명을 직교 병렬 배치하는 순장유형이므로(김수한 2010) M1호분의 상황과는 차이를 보인다. 고령 대가야의 경우 주·부곽은 물론 봉토 내에 별도의 순장곽을 설치하고 있고, 인근의 고성 송학동고분군에도 주곽과 동시에 축조된 유구들이 존재하고 있어 대평리 M1호분과 상통한다.

④ 봉분의 가장자리에 설치된 즙석은 인근의 함안 말산리고분군, 고성 송학동과 내산리고분군에서 전혀 볼 수 없는 구조이다. 가장 유사한 것은 왜계고분으로 분류되는 거제 장목고분, 의령 경산리 1호분 즙석이다.

⑤ 다음은 M1호분 출토 스에키에 대해서 살펴보겠다. 대평리 M1호분

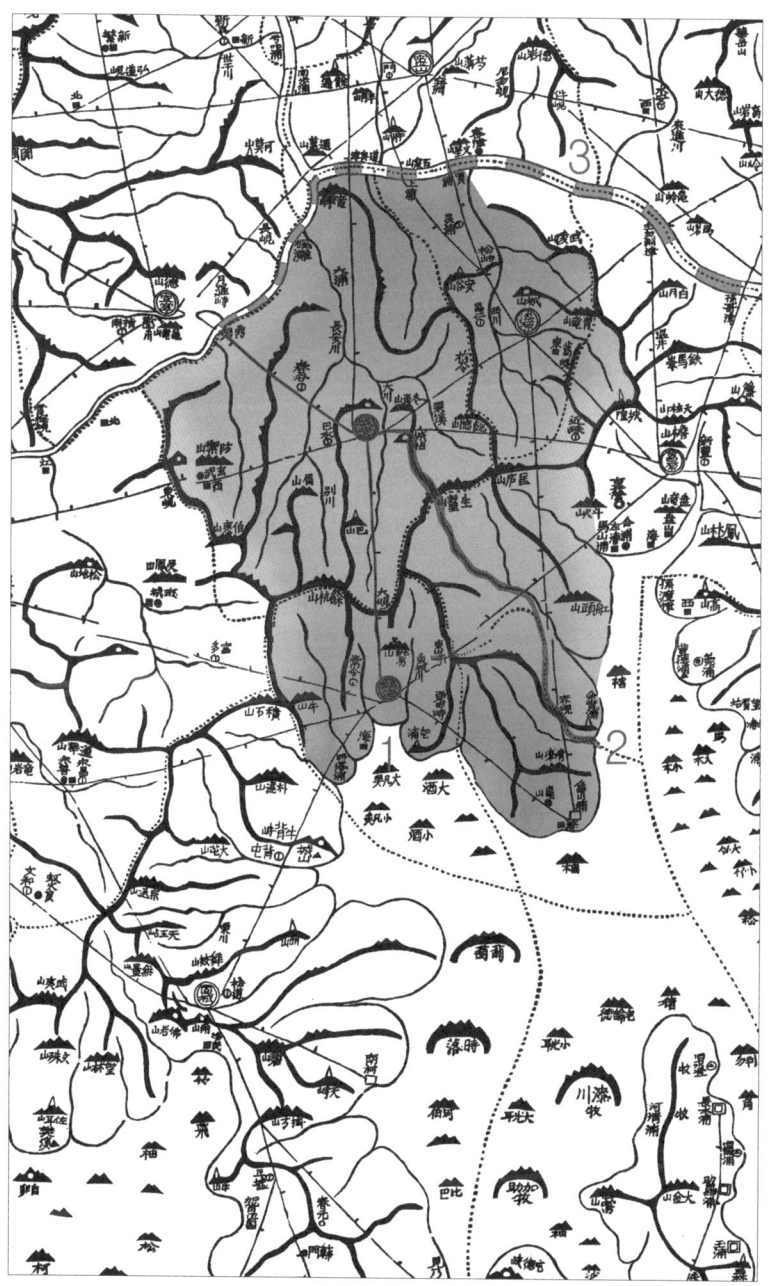

도면 1. 아라가야의 대왜 교통로(1. 창원 진동, 2. 창원 현동, 3. 남강-낙동강 교역로)

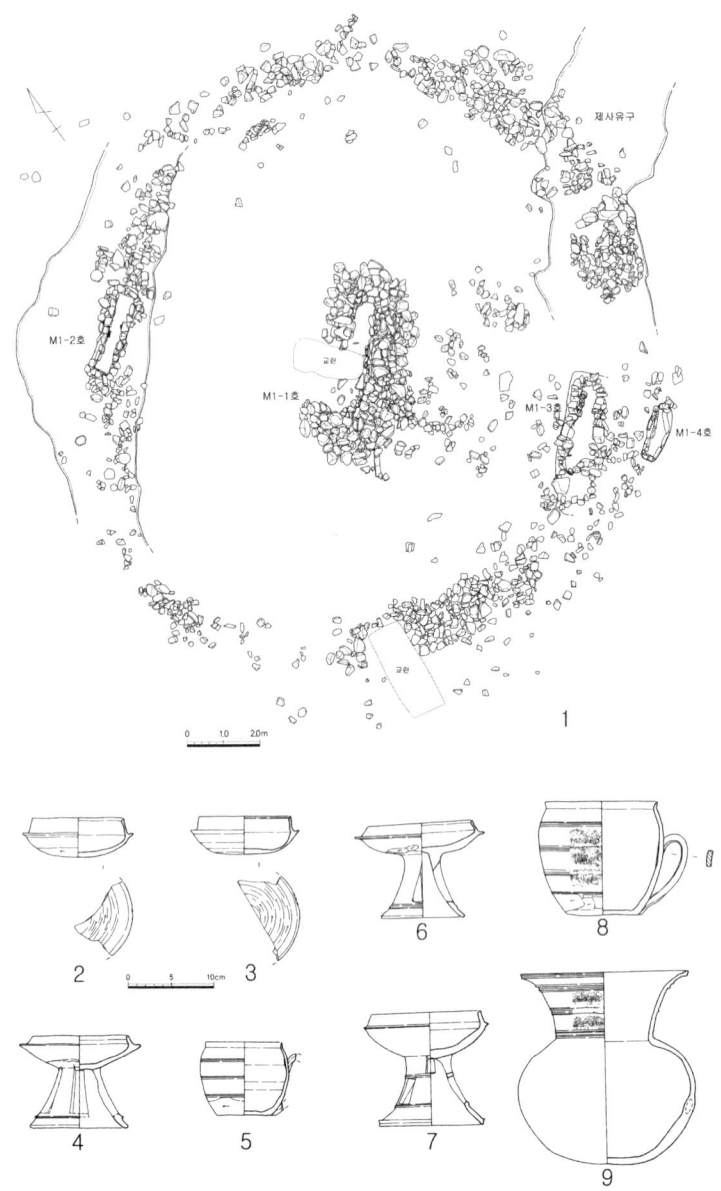

도면 2. 창원(舊 마산) 대평리 Ⅰ지구-M1호분과 출토유물
 (1: Ⅰ-M1호분, Ⅰ-M1-1호 출토유물(2·3: 스에키, 4: 소가야토기, 5: 아라가야토기),
 6~9: M1-3호분 출토 토기)

주곽에서는 스에키(須惠器) 배 2점이 출토되었다. 杯는 대부분 결실되고 1/3 정도만 잔존한다. 구연이 길고 단부가 凹狀으로 처리되었다. 뚜껑받이 턱이 강하게 돌출하였고 저부는 폭 1cm 정도의 회전깎기로 정면되었다. 도면 2-2는 복원기고 3.4cm, 복원구경 10.7cm이며, 도면 2-3은 복원기고 4.3cm, 복원구경 10.8cm이다. 스에키 TK23~TK47형식에 가깝다.

 M1호분의 출토 유물은 일부 교란된 점을 감안하더라도 입지와 봉분의 규모가 탁월한 점에 비하면 출토량이 빈약하다. 토기는 일단장방형투창고배 1점, 컵형토기 1점으로 적은 반면 철기류는 대도, 대검, 철촉, 도자 철부, 철겸, 철착 등 종류가 다양하다. 스에키와 공반된 일단장방형투창고배는(도면 2-4) 소가야양식으로 기고 10.4cm로 낮아졌고 배부는 깊이가 얕고 직선적으로 벌어지며 구연이 짧아진 것이 특징이다. 이는 의령 예둔리 1호 출토 고배 보다 늦은 형식이며 진주 가좌동 1호 출토품보다는 이른 형식으로 필자의 소가야토기(하승철 2001) 분석에 의하면 5세기 후엽에 해당할 것으로 판단된다. 컵형토기는(도면 2-5) 동체부가 곡선적이며 구연이 짧고 외반하는 형태로 아라가야 양식으로 분류된다. 함안 말이산고분군 〈現〉8호·〈現〉15호,〈文〉38호·〈文〉54호 출토품과 동일한 단계로 볼 수 있다.

 한편 순장곽으로 추정되는 ⅠM1-3호분에서 출토된 이단교호투창고배는(도면 2-7) 창녕양식으로 기고 12.8cm로 낮아졌고 배부는 깊고 곡선적인 형태로 창녕교동 1호분 출토품과 동일한 단계로 판단된다. 필자는 창녕 교동 1호분을 5세기 4/4분기로 편년한 바 있다(하승철 2009).

 이상의 요소로 보아 대평리 M1호분은 아라가야의 재지 수장층 묘제와 상당히 이질적임을 알 수 있다. M1호분의 축조는 상당히 변화된 상황을 반영하는 것으로 받아들여진다. 거제 장목고분, 고성 송학동 1B-1호분, 사천 선진리고분, 의령 운곡리고분, 의령 경산리고분 등 왜계고분의 등장과 동일한 배경에서 출현하는 것으로 판단된다. 이들 왜계고분은 영산강유역 -

고흥 - 여수·순천- 고성 - 진동만 - 거제 - 왜로 이어지는 서남해안교역로와 관련 깊을 것임은 분명하다. 고구려의 남하정책, 신라의 팽창에 대비한 마한·백제, 가야, 왜의 공동대응의 결과로 풀이된다. 왜계고분의 피장자에 대한 견해는 다양하지만 고분의 피장자 전부를 왜인으로 볼 수는 없을 것으로 판단한다. 필자(2011)는 거제 장목고분의 피장자를 왜인으로 보는 입장이지만 고성 송학동 1B-1호분의 피장자는 재지 수장으로 파악하고 있기 때문이다. 대평리 M1호분 역시 묘제는 아라가야 수장층의 묘제와 확연히 다르지만 출토유물은 스에키, 소가야, 아라가야, 창녕계토기 등이 혼재하고, 순장곽의 존재는 일본 열도와 다른 요소이다. 대평리M1호분의 피장자는 서남해안교역로와 관련해서 파견된 왜인으로 볼 가능성은 충분하다. 그런 점에서 영산강유역에 축조된 전방후원분의 피장자를 왜계백제 관료로 본 박천수(2007:185-193)의 견해는 경청할 필요가 있다.

2. 함안 말이산 34호분(現 도항리 4호분) 출토 鹿角製刀裝具[2]

함안 말이산 34호분에 대한 조사는 1917년 黑板勝美와 수西龍의 책임하에 실시된 것으로 알려져 있다. 34호분 조사는 측량조사를 포함해 10일 동안 진행되었으나 봉분의 축조상태, 석실의 구조 등에 대한 조사는 실시되지 않았으며 석곽은 일부 개석만 제거한 채 내부 조사를 강행한 것으로 드러났다. 석곽 내부조사는 하루 동안에 이루어졌다. 유물은 위치만 대략 기재한 후 유물을 반출하였으며, 유물은 반출 후 기록에 따라 유물을 놓은 후 사진을 촬영하였던 것으로 파악된다. 당시 기록된 34호분 석곽의 내부 크기는 길이 9.69cm, 너비 1.66cm, 높이 1.72cm이다.

---

[2] 일본에서는 철검에서 관찰되는 녹각제 把頭·把緣·鞘口·鞘尾 장식을 鹿角製刀裝具로 지칭하고 있다(김해박물관 2007, p.136).

34호분에서 출토된 유물 중 왜와 관련된 것은 녹각장식의 철검 한 점이다. 철검이 倭製인 것은 그 부속구인 鹿角製刀裝具 鞘尾에 조각된 直弧文을 통해서 알 수 있다. 녹각장 철검은(도면 3-15) 잔존길이 46.8cm, 잔존 너비 5cm로 把頭와 鞘口는 결실된 것으로 추정되며 녹각제 把緣만이 일정 부분 수착되어 잔존하고 있다. 검신 표면에 수착되어 있는 칼집 목질편의 수종분석 결과 침엽수재 소나무과 젓나무로 식별되었다(김미도리·오광섭 2007). 녹각제 초미는(도면 3-14) 길이 6cm, 두께 2.5cm 정도이고 측면은 장방형을 띠며 초미단은 유선형을 하고 있다(梅原末治 1921). 直弧文은 측면과 초미단에 조각되어 남아 있다.

鹿角製刀裝具에 새겨진 直弧文은 직선과 弧線의 결합에 의해 이루어진 일종의 기하학적인 문양으로, 일본 고분시대를 대표하는 문양이다. 직호문의 분류는 1917년 浜田耕作에 의해 '直弧紋'이라는 명칭이 부쳐지면서 시작되었고 이후 小林行雄에 의해 본격적인 연구가 진행되었다(小林 1976). 최근에는 伊藤玄三(1984), 櫻井久之(2000), 井上一樹(2005)의 세밀한 연구가 이어지면서 직호문의 분류, 변천과정, 시문구도, 시문패턴 등이 밝혀지고 있다. 특히 伊藤玄三은 녹각제도검장구의 직호문의 검토에서 시문부위와 시문구도가 일정의 경향을 나타내는 것을 지적하고 특정의 장소에 특정의 구도가 시문되는 것이 직호문의 특징의 하나라 하였다.

함안 34호분 출토 녹각제도검장구의 직호문은 일부만이 알려져 있으나 문양대의 구성은 斜交軸을 중심으로 B型主文樣(도면 3-13)(井上 2005)이 충실히 표현되고 있음을 알 수 있다. 즉 중심축, 逆刺 등 직호문의 原單位를 이용하여 구도를 정확히 표현하고 있으므로 직호문을 이해하고 있는 일본 제작자가 만들었을 가능성이 높다.

일본에서 직호문은 녹각제도장구는 물론 석실의 벽면 문양 등 다양한 곳에서 확인되고 있고, 녹각장철검 역시 다량 출토되고 있다. 반면 한반도의

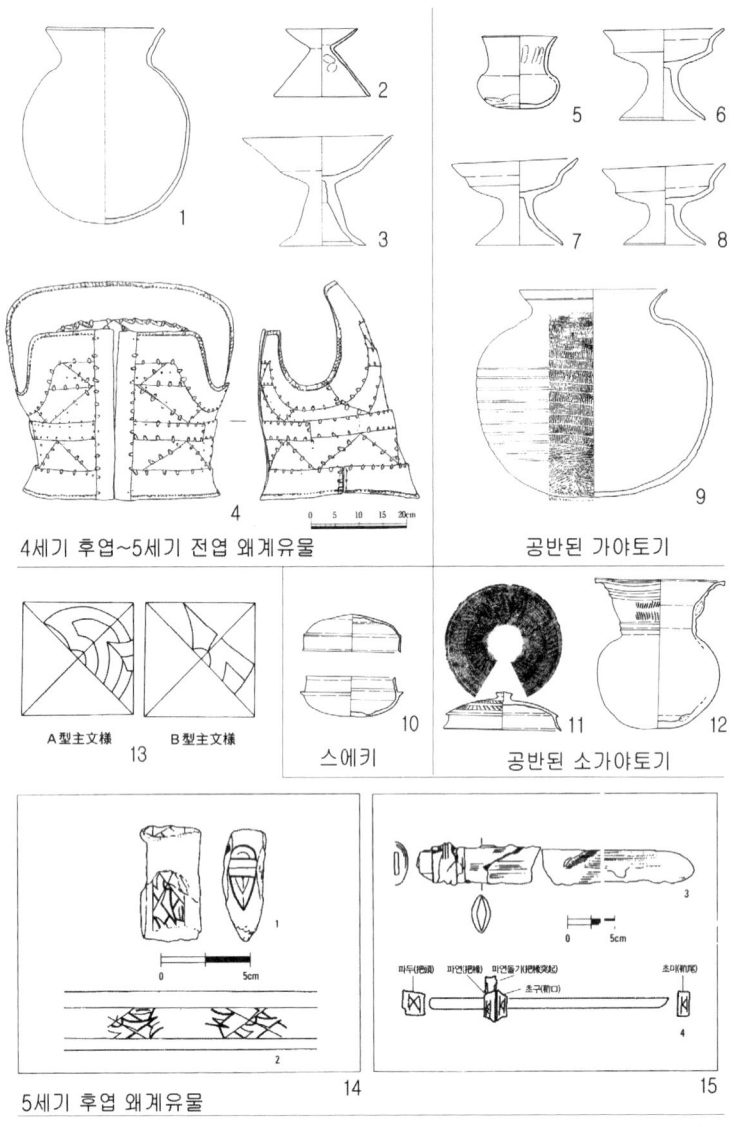

도면 3. 아라가야 출토 왜계유물
(1 6~8: 창원 현동 43호, 2 5: 창원 대평리 II-22호, 3 9: 창원 현동 8호분, 4: 함안 도항리 13호분, 10~12: 함안 오곡리 28번지 M1호, 13: 직호문 문양분류, 14 15: 함안 말이산 34호분 출토 녹각제도장구)

경우 직호문이 새겨진 녹각제도장구는 함안 말이산 34호분 출토품을 비롯하여 창녕 교동 89호분 출토 철검의 把緣·鞘口장식(창녕군 1996), 김해 대성동 12호분·85호분 출토 철검의 鞘尾 장식, 나주 반남 대안리 9호분 庚棺 출토 刀子柄(국립광주박물관·전라남도·나주군 1988) 등 소량에 불과하다.

따라서 함안 34호분 출토 직호문 녹각장 철검은 한반도내에서 제작된 것으로 볼 수 없고 일본에서 입수된 후 매납된 것으로 이해하는 것이 옳다. 특히 공반된 왜계유물 없이 단독으로 출토된 것으로 보아 일본 열도로부터의 직접 이입되었을 가능성 보다는 별도의 루트를 통해 한반도로 반입된 뒤 함안 수장층에게 전달 되었을 가능성이 높다.

3. 함안 도항리 13호분 출토 삼각판혁철판갑

함안 아라가야권역에서 왜계 갑주로 분류되고 있는 유물은 함안 도항리 13호분 출토 삼각판혁철판갑(도면 3-4)이 유일하다. 이외에 한반도 출토 삼각판혁철판갑은 복천동 4호, 옥전 68호, 두곡 43호 출토품이 있다. 도항리 13호 출토품은 삼각판혁철판갑의 대금 사이에 엮어지는 지판의 형태가 이등변삼각형이며 前胴上段地板은 좌우 각각 2매로 구성되어 있고 中段과 下段의 지판매수가 각각 11매이다. 도항리 13호분은 토기의 형식으로 보아 5세기 2/4분기에 해당한다.

5~6세기 한반도 출토 대금계(帶金係) 갑주의 원산지 문제는 계통차이에 대한 보다 엄밀한 검증이 필요한 것으로 보이지만 현재까지의 출토품에 대한 연구자들의 분석은 대부분 일본열도산으로 보는 견해(김혁중 2012)가 우세하다. 송계현(2001)이 한반도의 제작기술로 파악하였던 옥전 68호분의 삼각판혁철판갑(三角板革綴板甲)의 후동 진동판의 병유기법, 지산동 32호분 횡장판병유관갑(橫長板鋲留板甲)의 절판복륜(折板覆輪), 생곡동 가달 4

호분과 전 연산동 출토 삼각판병유판갑(三角板鋲留板甲)에 사용된 장조호접번(長釣壺蝶番) 등이 이미 일본열도에서 확인되고 있다는 연구성과(福尾正彦 2003; 橋本達也 2005)가 크게 작용하고 있는 것으로 보이지만, 찰갑을 제외하면 백제, 가야, 신라에서 출토된 대금계 갑주의 대부분이 일본열도산으로 분류되고(金赫中 2012) 있어 의문이 가시지 않는 것도 사실이다. 특히 왜계 묘제나 왜계토기가 빈번히 출토되는 한반도 남해안이나 영산강유역의 경우 왜계 갑주를 상정할 수 있는 개연성이 있으나 대금계 갑주만 돌발적으로 출토되는 신라권역의 경우 이해하기 힘든 측면이 많다. 이 점에 대해서는 앞으로의 연구성과를 기대해 본다.

4. 아라가야 권역 출토 왜계토기

1) 창원(舊마산) 현동유적

창원(舊마산) 현동유적은 마산시 현동 1449번지 일원에 해당하며 1989년 창원대박물관, 2009년 (재)동서문물연구원에서 발굴조사 하였다. 1989년 창원대학교 박물관에서는 목곽묘 62기, 석곽묘 2기, 석실 2기, 옹관묘 1기 등 모두 67기의 묘를 조사하였다.

왜계토기는 8호 출토 고배(도면 3-3), 43호 출토 단경호(도면 3-1) 등이다. 현동 보고서(창원대학교박물관 1990)에서 밝힌 바와 같이 왜국에서 제작되어 입수된 것은 8호 출토 하지키 고배 1점이며, 나머지는 태토, 정면수법 등으로 보아 재지에서 모방했던 것으로 판단된다. 8호 출토 고배와 43호 출토 단경호는 4세기 후엽 5세기 전엽에 해당한다.

2) 창원(舊마산) 진북 대평리유적

앞서 언급한 바와 같이 마산 진북 대평리유적 I 지구 M1-1호분에서 스에키(須惠器) 2점이(도면 2-2·3) 출토되었고, II지구 22호 목곽묘에서 하지키(土師器)系 소형기대 1점(도면 3-2)이 출토되었다. 하지키는 'X'자형 소형기대로 적갈색을 띠며 태토는 사립이 혼입된 점토를 사용하였다. 기고 8.3cm, 구경 8.8cm, 각저경 11.7cm이다.

공반된 광구호(도면 3-5)는 도질토기이며 평저이다. 동하반부 및 저부는 깎기 후 물손질로 정면하였다. 기고 8.8cm, 구경 9.1cm, 동최대경 10.3cm이다. 공반된 노형기대로 보아 4세기 후엽에 해당할 것으로 판단한다.

3) 함안 오곡리 28번지 유적

함안 오곡리유적은 1994년 창원대학교 박물관에서 목곽묘 13기, 석곽묘 1기, 석실분 1기를 발굴조사 한 바 있으며, 2006년 경남문화재연구원에서 삼국시대 석곽묘 101기를 조사하였다. 오곡리 일대에 대한 발굴조사를 통해 5세기에서 6세기 전반대의 다양한 자료가 확보되었으며 아라가야, 소가야토기가 공반 출토되는 경향을 보이고 있어 주목된다.

오곡리 28번지 유적은 2007·2008년 우리문화재연구원에서 조사하였는데 삼국시대 고분은 봉토분 2기, 석곽묘 24기이다. 스에키는 개배로(도면 3-10) A구역 구릉 정상부의 M1호 봉토분에서 출토되었다. 공반된 토기는 소가야 수평구연호, 개, 일단장방형투창고배이며 재갈, 등자편, 안교, 교구 등 마구류도 출토되었다.

개는 기고 4.7cm, 口徑 12.1cm이며 배는 기고 4.9cm, 口徑 10.8cm이다. 개신부 외면에는 자연유가 산화 박리되어 있고 외면의 상위에는 회전깎기를 하였으며 드림단은 凹狀으로 처리하였다. 배는 뚜껑받이턱이 수평으로 길게 돌출되어 있고 구연단은 凹狀으로 처리하였다. 배신의 저면은 회전깎기 하였다. TK23형식에 해당한다(하승철 2011).

공반된 수평구연호는(도면 3-12) 기고 18.2cm, 口徑 16.1cm, 동최대경

15.3cm로 필자 분류 Ⅱ그룹에 속한다. 소가야 개는(도면 3-11) 口徑 14.5cm 이고 점열문을 촘촘히 시문하였으며 드림턱이 돌출하였다. 고배는 대각 하단부의 돌대가 뚜렷하고 꺾임 현상이 일어나기 직전의 상태이다. 현재까지 TK23형식 스에키와 공반된 소가야토기 중 가장 이른 단계에 속하는 자료들이다.

Ⅴ. 일본 출토 아라가야계 토기

1. 모찌노키(持ノ木)고분 출토품

모찌노키(持ノ木)古墳(岸和田市敎育委員會 1993)은 현재 7基의 고분으로 형성되어 있는 구메다(久米田)古墳群의 중간지점에서 발견되었는데 1변 약 12.0m의 방형분으로 추정된다. 분구와 매장시설은 삭평되었고 기저부만 남아있었다. 주호(周濠)는 폭 1.5~2.0m이고 남겨진 깊이는 평균 0.2~0.3m이다. 주호(周濠)에서는 도질토기, 스에키, 하지키, 하니와(埴輪) 등이 검출되었다. 출토상황으로 보아 도질토기와 스에키는 매장시설 혹은 분구 상에 공헌되었던 것으로 파악되었다. 도질토기는 고배, 대부파수부호, 발형기대, 통형기대, 개 등이다. 도질토기는 함안계와 김해·부산계로 구분된다. 아라가야계토기는 고배와 개 2점이며 기대와 유개대부파수부소호는 김해·부산계 토기이다.

아라가야계 유개고배는(도면 4-1) 깊고 곡선적인 배부, 짧게 내경하는 구연과 강하게 돌출한 뚜껑받이턱, 뚜껑받이턱 하단의 능, 좁은 각기부, 柱狀으로 뻗어내리다 투창하단에서 한단 꺾이면서 부풀어오르는 각하단부가 특징이다.

아라가야계 개는(도면 4-2·3) 기고가 낮고 구경이 넓은 것과 기고가 높고 드림턱이 강하게 돌출한 것이 해당하는데 함안 도항리 48호분 출토품(도면 4-4·5)과 유사하다.

모찌노키(持ノ木)고분 출토 도질토기는 5세기 1/4분기로 편년된다.

2. 오바데라(大庭寺) TG 231·232호 窯 출토 아라가야계토기[3]

TG231·232호 窯 출토 고배는 배부 및 각부의 형태가 다양한 것이 특징으로 植野浩三(2002)씨에 의하면 TG232의 고배는 유개고배 7~8종, 무개고배 16~17종으로 분류되며, 아라가야계토기와 소가야토기, 김해·부산계토기, 하지키(土師器)계토기 등이 포함된다.

① 개(도면4-7·8·10·11)

아라가야 개는 꼭지중간이 솟아오른 형태가 많고 초기의 제품은 드림이 짧고 드림턱이 上向으로 길게 돌출한 것이 많다. 신부 문양은 꼭지 주변이나 침선대 사이에 한단의 점열문을 찍는 경우가 많고 시기가 늦어질수록 무문양도 증가한다. 이는 단추형꼭지에 침선대를 경계로 2단의 점열문을 찍은 김해·부산지역과 구별된다. TG 232 출토 개 중 구경이 작고 기고가 높은 것(도면 4-8)은 대부직구호와 주로 공반되는 것으로 함안지역에 특히 많다.

② 무개고배 (도면 4-9)

고배는 배부가 얕고 직선적으로 벌어지며 배부에 거치문을 시문하였다. 함안 도항리 10호분(도면 4-17)에서 출토된 것과 유사하다.

---

[3] TG 231·232 출토품과 함안토기의 관련성에 대해서는 이미 보고서에 지적되고 있다.

도면 4. 일본 출토 아라가야계 토기와 비교자료
 (1~3: 持ノ木古墳, 4·5: 함안 도항리 48호, 6: 산청 옥산리 56호, 7~15: TG232호窯, 17: 도항리(문) 27호, 18: 도항리(문) 10호, 16·24: 도항리(문) 36호, 19: 도항리(현) 22호, 20: 도항리 428-1 5호(석), 21: 도항리(문) 36호, 22: 도항리 428-1 13호(목), 23: 도항리(문) 3호, 25~27: 大阪 野中古墳, 28. 마산 대평리 Ⅱ-3호(목), 29: 도항리(문) 39호, 30·31: 도항리(문) 54호, 32: 부산 복천동 53호, 33: 도항리(현) 8호)

③ TG 232 무개고배 (도면 4-12)

고배는 얕고 편평한 배부, 배부 외면의 돌대, 곡선적인 대각, 능형의 반투공 압형문을 가진 것으로 함안 도항리(문) 36호 출토품(도면 4-21)과 동일하나 얕고 넓은 배부와 각거부 상단의 원형투공 등은 하지키와 양식의 복합이 이루어진 결과로 보인다. 이러한 특징을 가진 고배는 도항리 428-1번지 13호(도면 4-22), 마산 현동 50호 등 함안과 그 주변지역에서 유행한 것으로 함안토기의 영향에 의해 제작된 것으로 볼 수 있다.

④ TG 232 유개고배 (도면 4-14)

고배는 구연이 길고 뚜껑받이턱이 길게 돌출하였고 각부에는 장방형투창을 4개 뚫었다. 기형은 함안도항리(문) 36호 출토품(도면 4-24), 의령 상리 출토품과 가장 유사하지만 장방형투창이 설치된 것이 차이점이다. 일본 현지에서 형식복합이 일어났을 가능성이 높다.

⑤ TG 232 유개고배 (도면 4-15)

고배는 구연은 짧고 뚜껑받이턱은 길게 돌출한다. 배부는 곡선적이며 각부와의 경계에 돌대를 돌렸다. 각기부가 넓고 투창의 폭도 넓다. 투창 하단은 침선을 돌렸다. 각부의 곡률은 차이를 보이지만 배부의 형태와 폭이 넓은 투창이 특징이다. 이러한 형태의 고배는 함안 도항리(문) 3호(도면 4-23), 도항리(문) 10호, 도항리(문) 27호, 합천 옥전 23호 등에서 출토된다.

3. 大阪府 노나카(野中)고분 (北野耕平 1984:130)

노나카(野中)고분은 후루이치(古市)고분군의 거의 중앙에 있는 墓山古墳에 대해 陪塚의 위치에 있는 고분으로 한변 28m, 높이 4.5m의 방분이다.

일본 고분시대 중기의 대표적인 고분으로 주체부에는 목관을 포함해서 5개의 세장한 木櫃狀 시설을 배열하고 활석제 모조품과 혁제(革製) 충각부주, 철제 미비부주, 襟付短甲 등 각종 단갑, 도검, 철촉, 농구, 공구류 등을 부장하였다. 도질토기는 木櫃內의 철촉군 중에 매납된 개, 유개대부파수부소호가 해당되며 墳頂部에 形象埴輪과 함께 놓여진 고배, 대부직구호, 기대 등도 도질토기일 가능성이 높다.

도질토기 중 아라가야계는 대부직구호로(도면4-27) 동체부의 형태가 도항리(경)10호, 도항리(文)54호(도면4-30) 출토품과 유사하다. 시기는 5세기 전엽~중엽에 해당할 것으로 본다.

4. 大阪府 八戶市 큐호지(久寶寺)유적

유로(流路)에서 기대(도면5-3) 각부 일부가 출토되었다. 각부는 직선적으로 벌어지고 돌대에 의해 3단으로 구획되었다. 잔존한 상단에는 상향, 하향의 화염형투창을 교호해서 배치하고 투창 사이에는 열점문을 시문하였다. 중단에는 파상문을 시문한 후 장방형투창을 뚫었다. 하단에도 파상문을 시문하였다. 복원저경 21.6cm, 잔존고 9.9cm.

5. 三重縣 津市 로쿠다이(六大) A유적

로쿠다이 A유적은 일본의 야요이시대 후기에서 고분시대, 고대, 중세시대에 걸쳐 형성된 유적이다. 고분시대 중기에 해당하는 舊河道에서 한식계토기, 초기스에키, 하지키 등이 출토되었다. 이는 고분시대 水邊祭祀와 관련된 것으로 추정되고 있다.

아라가야계로 추정되는 토기는 화염형투창이 뚫린 통형기대(도면5-4) 1

점이다. 鍵血形 투창이 뚫린 통형기대도 아라가야계로 보는 연구자도(조수현 2006) 있으나 제고를 요한다. 화염형투창이 뚫린 통형기대는 길게 돌출한 돌대를 중심으로 각부와 동부가 구분된 것으로 파악된다. 돌대는 두께 0.8cm이며 수평방향으로 3.6cm 돌출하였고 직경은 19.2cm이다. 화염형투창은 원형부가 직경 3.2cm 정도로 크고 화염부는 작게 표현되었다. 복원저경 24.4cm.

6. 奈良縣 橿原市 신도우(新堂)유적

신도우유적은 일본 고분시대 중기의 취락유적으로 작은 流路에서 초기 스에키와 도질토기, 한식계토기, 목기와 토제품, 제염토기, 철 슬래거 등이 다량 출토되었다. 아라가야계토기는 작은 수혈에서 출토되었는데 화염형투창고배(도면5-5) 2점과 컵형토기(도면5-6) 1점이다. 기형, 제작기법, 소성상태, 자연유 생성상태, 컵형토기 구연부 하단의 사격자문 등이 함안지역 출토 토기와 거의 흡사하므로 박제품이 확실하다.

7. 奈良縣 天理市 후루(布留)유적 2호분

流路의 바닥에서 2점의 화염형투창고배 각부가 출토되었다. 나팔상으로 벌어지며 각단부가 곧추서는 것이 특징이다. 도면 5-1은 2곳에 화염형투창을 뚫었고 투창하단에 에리한 돌대를 돌렸다. 저경 8.8cm, 잔존고 5.8cm.

도면 5-2 역시 화염형투창고배로 추정되며 각부에 돌대가 없다. 복원저경이 9.2cm로 다소 넓고 잔존고는 2.8cm이다.

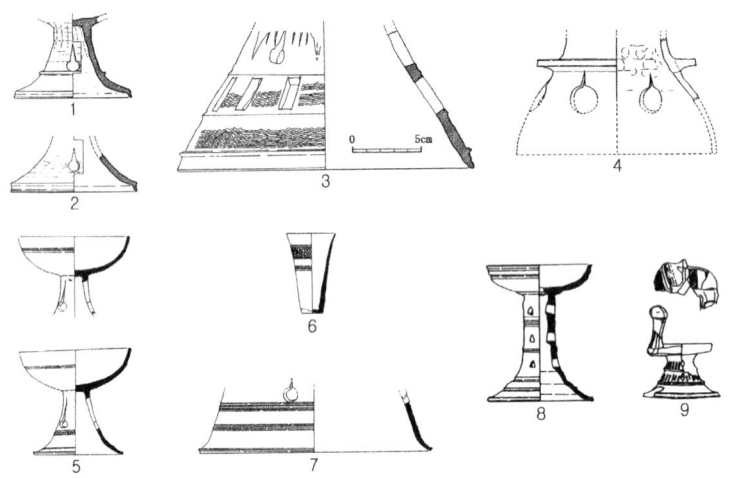

도면 5. 일본 출토 아라가야 토기
 (1·2: 天理市 布留遺蹟, 3: 大阪府 久寶寺遺蹟, 4: 三重縣 六大A遺蹟, 5~7: 橿原市 新堂遺蹟, 8·9: 橿原市 南山 4호)

이밖에도 愛媛縣 후나카타니(船ヶ谷)고분 출토 소형기대, 奈良縣 橿原 南山 4호분 출토 소형기대(도면5-8)와 기마인물형토기(도면5-9) 역시 아라가야계 토기일 가능성이 높다(박천수 2007:86).

VI. 아라가야의 對倭交流와 그 변화양상

1. 시기별 변화양상

고고자료에 반영된 아라가야와 왜의 교류는 Ⅰ, Ⅱ 단계로 구분해 볼 수 있는데 시기는 4세기 후엽~5세기 전엽, 5세기 후반에 해당한다.
 Ⅰ단계는 김해·부산의 금관가야를 통한 교류가 중시된 시기이며, Ⅱ단계는 아라가야의 독자적인 교류가 진행된 시기이다. 특히 Ⅱ단계는 진동만

을 통해 왜-가야(대가야, 소가야, 아라가야)-마한·백제로 이어지는 서남해 안교역로가 중시된 시기이다.

〈표 1〉 아라가야권역, 일본열도 출토 유물의 연대

연대	아라가야권역	일본열도
4세기 후엽 ~ 5세기 전엽	창원(舊마산) 현동 8호 출토 하지키계 고배	오사카부 모찌노키고분(持ノ木古墳) 출토 고배, 개
	창원(舊마산) 현동 43호 출토 하지키계 단경호	오사카부 오바데라(大庭寺) TG231·232호 가마 출토 토기
	창원(舊마산) 대평리 II지구 22호 출토 하지키계 소형기대	오사카부 노나카고분(野中古墳) 출토 대부직구호
	함안 도항리 13호분 출토 삼각판혁철판갑	카시하라시 난잔(南山) 4호 출토 소형기대
5세기 후반	창원(舊마산) 대평리 I지구 M1호분 유구(왜계고분) 및 출토 스에키 배	奈良縣 天理市 후루(布留)유적 2호분 출토 화염형투창고배
	함안 말이산 34호분 출토 녹각제도장구	大阪府 八戸市 큐호지(久寶寺)유적 출토 기대
	함안 오곡리 28번지 M1호분 출토 스에키 개배	三重縣 津市 로쿠다이(六大)A유적 출토 기대
		奈良縣 橿原市 신도우(新堂)유적 출토 고배, 기대

아라가야와 왜의 교류에 반영된 유물의 특징은 다음과 같다.

아라가야권역내에서 출토된 왜계유물 중 威信財로 볼 수 있는 것은 도항리 13호분 출토 삼각판혁철판갑, 말이산 34호분 출토 녹각제도장구로 두 점에 불과하다. 4세기는 위신재가 전혀 확인되지 않고 있다. 3~4세기대 김해 대성동·양동리, 부산 복천동고분군에 부장된 위신재의 양과 비교할 수 없을 정도의 격차를 보인다. 또한 5세기 후반이후 고령 지산동고분군에 부장된 야광패제 容器와 무구류, 생초 9호분 출토 倭鏡, 고성 송학동고분군과 고성 내산리고분군에 부장된 장식마구 등과 비교하더라도 양적으로 열세에 있다. 스에키의 출토량도 소가야, 대가야에 비해 현격히 적은 편이며 그나마 진북 대평리 M1

호분, 함안 오곡리 M1호분 출토품도 소가야토기와 공반되는 양상이다.

일본 열도에서는 Ⅰ단계에 고분 또는 생산유적에서 확인되는 경향을 보이지만 Ⅱ단계는 流路 등 생활유적에서 출토된다. Ⅰ단계는 수장층의 교섭에 의해 제공되었던 것으로 보이며 Ⅱ단계는 이주민에 의한 渡來로 판단된다. 앞으로 5세기 후반대의 대왜 교류에 관한 자료는 늘어날 가능성이 높지만 6세기대 자료는 극히 드물 것으로 판단된다.

출토유물로 판단하면 5세기 후반 가야와 왜의 교류는 고성 송학동고분군을 중심으로 한 소가야 해상세력이 주도했을 가능성이 높고(하승철 2012), 아라가야는 소가야, 대가야에 비해 소극적인 상황이었을 것으로 판단된다. 시기별 교류 양상의 변화를 살펴보면 다음과 같다.

1) Ⅰ단계 : 4세기 후엽 5세기 전엽

3~4세기 한・일교류는 낙동강하류의 김해・부산지역에 집중하며 아라가야와 왜의 교류를 보여주는 고고학적인 증거는 뚜렷하지 않다. 3~4세기 김해 대성동・예안리・양동리고분군 뿐 만 아니라 부산 동래패총, 김해 부원동패총, 진해 용원유적 등 금관가야 권역에서 다량의 왜계토기가 출토되는 상황을 고려하면 아라가야 권역의 자료는 극히 빈약한 편이다.

수장층의 교섭 또한 금관가야 수장층이 주도한 것으로 파악된다. 김해 대성동고분에 집중되는 일본산 석촉, 방추차형 석제품, 파형동기, 통형동기 등 위세품은 금관가야 수장층과 畿內정권과의 직접 교섭을 증명한다(홍보식 2006). 그러나 아라가야 수장층을 비롯한 주변 가야제국의 수장층과 관련한 교섭의 증거는 전혀 확인되지 않고 있다. 따라서 아라가야는 왜와의 독자적인 교역망을 가졌을 것으로 이해되지 않으며 금관가야 수장층을 통한 간접교류에 국한되었을 가능성이 높다.

Ⅰ단계의 아라가야와 왜의 교류는 4세기 후반 창원(舊마산) 현동유적과

창원(舊마산) 진북 대평리유적에서 비로소 확인된다. 현동 8호 출토 고배는 하지키로 일본에서 반입된 것이며 현동 22호·43호·56호, 대평리유적 II지구 22호 출토품은 현지에서 모방한 것들이다. 왜계토기가 반입되고 모방되는 현상은 다수의 왜인들이 渡來한 후 현지에 정착했음을 뜻한다. 아라가야의 주요 항구인 진동만과 마산만 입구의 현동유적에 왜계토기가 집중 출토되는 것으로 보아 그들 왜인은 아라가야와 왜의 교역에 종사했을 가능성이 높다. 그러나 I단계의 대부분의 왜계유물은 금관가야권역에 집중되는 것으로 보아 왜인들의 주된 관심은 금관가야에 국한되었을 것으로 보인다. 금관가야 전역에서 왜계토기가 출토되는 현상은 금관가야 수장층에 의해 분산 배치되었을 가능성이 높음을 의미하며, 김해 구산동유적(경남고고학연구소 2010)과 같이 출토 토기의 80% 이상이 왜계토기인 경우도 있어 왜인들이 장기 거주한 집단 취락도 존재했음을 짐작할 수 있다. 금관가야권역에 분산 배치된 왜인들은 철기생산과 관련한 노동력의 제공과 관련이 깊을 것으로 파악되고 있다(신경철 2003).

금관가야 수장층을 통한 간접교류의 증거는 일본열도에서 더욱 뚜렷이 확인된다. 앞서 살펴본 바와 같이 오바데라(大庭寺) TG 231·232호窯를 포함한 大庭寺遺蹟의 토기는 김해·부산계, 함안계, 소가야계로 구성되어 있다. 이것은 일본 스에키생산에 김해·부산, 아라가야, 소가야 공인이 동시에 참여하고 있음을 의미한다(신경철 1997). 금관가야와 일본 畿內세력과의 관계로 보아 교섭은 금관가야 수장층이 주도했던 것은 확실하며 아라가야, 소가야 수장층이 동참했을 것으로 판단한다. 1단계에 近畿地域의 여러 곳에 스에키 窯가 성립하고 파견된 가야계 공인이 야마토정권에 의해 각지에 분산되어 스에키의 생산을 주도하고 있는 상황은 금관가야 지역에 파견된 왜인들의 양상과 유사하다.

일본 오사카후(大阪府) 후지이테라시(藤井寺市) 노나카(野中)古墳에 김해·부산, 아라가야계 유개대부파수호, 대부파수부잔, 고배, 대부호 등이 공반되는 상황도 그러한 교섭 양상을 보여주는 사례이다.

아라가야와 금관가야의 교류는 4세기 후반에 해당하는 부산 복천동 57호·54호, 김해 대성동 2호 출토 함안계 노형기대, 통형고배, 양이부단경호, 5세기 전반의 복천동 53호분 출토 화염형투창고배 등을 통해 확인할 수 있다.

2) II단계 : 5세기 후반

I단계의 한일 교섭이 금관가야 주도의 동남해안교역로가 활성화되었다면, II단계는 소가야, 아라가야, 대가야, 마한·백제가 주도하는 서남해안교역로가 부각된 시기이다. 5세기 후반의 부산지역은 신라의 강한 영향력 아래에 들어가며 금관가야를 중심으로 한 가야연맹은 더 이상 기능하지 못한 것으로 보인다. 아라가야 수장층은 서남해안교역로를 활용하여 왜와의 교섭을 전개해 나간 것으로 판단되며, 금관가야를 대신하여 아라가야는 소가야와 관계를 깊게 하였는데 함안 오곡리 28번지유적 A구역 M1호·5호·7호·B구역 11호, 창원(舊 마산) 대평리유적 II-3호·II-56호·II-57호, 창원(舊 마산) 현동유적 56호·58호·64호에서 공반되는 아라가야, 소가야 유물들이 이를 증명한다. 또한 창원(舊 마산) 대평리유적 M1호 출토 스에키와 아라가야, 소가야토기의 공반관계, 함안 오곡리28번지유적 M1호 출토 스에키와 소가야토기는 아라가야-소가야-왜의 교섭이 활발히 진행되었음을 보여주고 있다.

5세기 후반 아라가야의 중심고분군에서 출토되는 왜계유물이 비록 함안 말이산 34호분 출토 鹿角製刀裝具 한 점에 거치고 있지만 앞으로 증가될 가능성은 충분하다. 특히 주목되는 것은 창원(舊 마산) 대평리유적 M1호분의 등장이다. M1호분의 매장주체부는 세장방형의 석곽이며 석곽 외연으로 넓은 부석범위를 가지는데 최근 조사된 전남 고흥 야막고분(국립나주문화재연구소 2012)과 흡사하다. 매장주체부의 이러한 구조는 가야고분에서 확인되지 않는 것으로 4세기 말에서 5세기 대에 일본 북부구주지역에 나타나는 소위 石棺系竪穴式石室에서 찾아 볼 수 있다. 특히 M1호분은 재지의 묘역에서 벗어나 진동만을 내려다보는 구릉의 정상부에 단독으로 축조되어 있어 고대의 연안항로와 관련이 깊을 것으로 보인다. 5세기 후반 남해안에 등장한 왜계고분이 고대연안항로와 관련이 깊을 것임은 거제 장목고분에서 이미 확인된 바 있다(하승철 2011). 거제 장목고분은 북부구주계석실로 대한해협의 교역로를 내려다보는 구릉의 정상부에 축조되어 있어 대평리M1호분의 축조배경과 동일하다. 축조시기에 대해서는 검토가 필요하겠지만 대평리 M1호분은 거제 장목고분-창원(舊 마산) 대평리 M1호분-고성 송학동고분-고흥 길두리 안동고분-고흥 야막고분-해남 조산고분-영산강유역의 전방후원분으로 이어지는 교역루트에 등장하고 있음을 알 수 있다.

따라서 I단계의 교역로가 금관가야를 중심으로 한 동남해안교역로가 중시되었다면 II단계는 아라가야, 소가야에서 영산강유역에 도달하는 서남해안교역로가 활성화된 시기로 규정할 수 있다. 서남해안교역로를 통해 가야 각지의 수장층은 독자적인 교섭에 집중한 것으로 보인다. 소가야는 대마도를 비롯한 九州지역과 집중적인 교섭을 진행한 것으로 보이는데 對馬島 惠比須山 2호石棺, トウトゴ山遺蹟, 長崎 コフノ遺蹟, 甘木市 古寺墳墓群에서 출토된 소가야토기들이 그 증거이다. 아라가야는 나라분지에 집중하는 것으로 보이는데 奈良縣 南山 4호분 출토품(도면 5-8·9)과 橿原市 新堂유적 출토 화염문투창고배(도면 5-5), 컵형토기(도면 5-6) 등은 아라가야 토기이다.

서남해안교역로가 활성화된 사실은 일본열도의 변화에서도 확인할 수 있다. 오사카 스에무라(陶邑) 窯의 성립에 금관가야, 아라가야, 소가야 공인들이 큰 역할을 하였으나 오바데라(大庭寺) TG 231·232호窯 이후 陶邑窯에 가야토기의 특색이 급격히 소멸해가는 대신 백제·마한계토기의 증

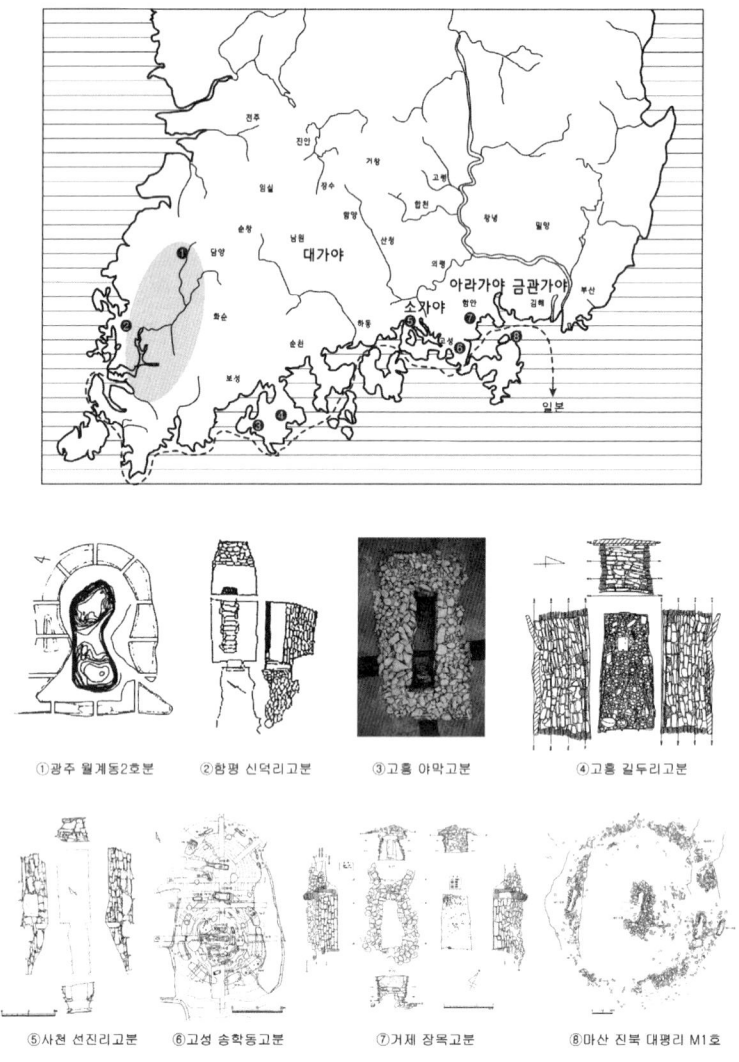

도면 6. 5세기 후반 서남해안교역로와 주요 왜계고분

가가 눈에 띤다. 이점은 大庭寺출토 韓式系土器를 가야계, TK 73號 窯 출토품을 백제와 전라남도에서 계보를 구하고 있는 점에서도 동일하다(酒井淸治 2003). 5세기 중엽 이후 近畿의 陶邑古窯址群 TK 216호窯, 大庭寺유적, 四ツ池유적, 小阪유적, 伏尾유적 등에서 집중 확인되는 조족문토기, 개배, 이동식 부뚜막 등은 백제·마한과 관련이 깊다는 견해(田中淸美 1985, 1994; 竹谷俊夫 1995)도 그러한 변화를 반영한다.

2. 아라가야와 浦上八國

아라가야의 對倭交流와 그 변화양상을 파악해본 결과 몇 가지 중요한 사실을 확인할 수 있었다. 즉, 금관가야의 쇠퇴와 신라세력의 팽창으로 동남해안교역로가 위축되고 對倭교섭은 대가야, 아라가야, 소가야 등 가야 각국으로 다변화되었다. 특히 고성을 비롯한 남해안세력의 성장과 서남해안교역로의 부각이 주목된다. 가야사회 교역체계의 변동, 고성 등 남해안 세력의 성장, 신라의 낙동강 하류역 진출 등 일련의 변동과 관련하여 주목되는 사건은 문헌 기록에 등장한 浦上八國戰爭에 관한 것이다.

포상팔국전쟁은 포상팔국이 공모하여 加羅, 阿羅, 혹은 신라 邊境을 침범하니 신라의 奈解尼師今이 군사를 내어 제압하였고, 3년 뒤 骨浦, 柒浦, 古史浦 등 3국이 재차 竭火를 침범하므로 왕이 직접 나서서 격파하였다는 내용으로[4], 『三國史記』本紀와 列傳, 『三國遺事』勿稽子傳에 반복해서 찬

---

[4] 『三國史記』卷2 新羅本紀 2 奈解尼師今條
"十四年 秋七月 浦上八國謀侵加羅 加羅王子來請救 王命大子于老與伊伐湌利音 將六部兵 往救之 擊殺八國將軍 奪所虜 六千人還之."
『三國史記』卷48 列傳 8 勿稽子傳
"勿稽子奈解尼師今時人也 (中略) 時浦上八國同謀伐阿羅國 阿羅使來請救 尼師今 使王孫㮈音 率近郡及六部軍往救 遂敗八國兵 (中略) 後三年 骨浦柒浦古史浦三國 人 來攻竭火城 王率兵出救 大敗三國之師"

기록되어 있는 것으로 보아 당시 가야 내부의 큰 변화를 불러온 사건이었음은 틀림이 없다. 필자는 『三國遺事』에 등장하는 古自國을 固城으로, 史勿國을 泗州(사천)로, 骨浦國을 合浦(마산·창원)로 이해하고 있으므로 浦上八國을 남해안, 낙동강, 남강 연안에 존재했던 가야 小國으로 파악하고 있고, 竭火는 『三國史記』地理志 臨關郡條에 나오는 屈阿火村, 즉 현재의 울산으로 추정하는 견해(허재혁 2005)에 동의한다. 울산은 남해안의 가야지역에서 신라 경주로 향하는 동해안 해상교역로상의 요충지이므로 浦上八國, 竭火(울산), 경주의 위치로 볼 때 포상팔국이 공격한 전쟁 대상지는 경남서부지역과 울산의 사이에 위치한 나라가 될 것임은 당연하므로 전쟁대상지는 함안(남재우 2003:89-126) 보다는 김해 또는 부산지역일 가능성이 높다[5]. 특히 고고학 조사성과에 의하면 加羅로 불리는 김해·부산은 5세기 전엽 이후 신라세력권에 포함되므로 신라의 입장에서는 신라 '邊境'으로 기록할 수 있는 것이다.

문제는 전쟁의 시기와 원인인데 시기는 3세기 전반설, 3세기 후반~4세기 전반설, 4세기 전반설, 6세기 중엽설로 다양하게 제시되고 있고, 원인은 한군현과 한반도 남부사회 교역체계의 변화에 초점이 맞춰지고 있다. 필자는 포상팔국과 소가야연맹체가 일맥상통하는 것으로 파악하고 있으며 토기양식과 묘제, 고총의 등장 등 고고자료로 판단하면 소가야연맹체가 형성되는 시기는 5세기 중엽 이후로 보고 있다. 따라서 앞서 살펴본 문헌기록

『三國遺事』卷5 勿稽子傳
"第十奈解王卽位十七年壬辰 保羅國古自國(今固城)史勿國(今泗州)等八國 幷力來侵邊境
王命太子捺音將軍一伐等 率兵拒之 八國皆降 (中略) 十年乙未 骨浦國(今合浦也)等 三國王 各率兵 來攻竭火(疑屈弗也 今蔚州) 王親率禦之 三國皆敗"

5) 加羅, 駕洛國을 김해로 한정하여 보는 경향이 대부분이지만 본 전쟁기사의 加羅는 금관가야로 폭을 넓혀 이해하고자 하며 이 경우 금관가야의 핵심세력인 김해 대성동 집단과 부산 복천동 집단이 포함되게 된다.

의 내용과 고고자료를 종합해보면 5세기 후반의 어느 시점에 아라가야를 중심으로 남강, 남해안 일대의 소가야세력이 연합하여 낙동강하류역의 김해·부산을 공략한 것이 포상팔국전쟁이 아닐까 판단한다. 전쟁의 원인은 금관가야의 몰락과 신라의 팽창에 따른 가야내부의 교역체계의 변동으로 파악하고자 한다.

VII. 맺음말

아라가야의 對倭 교역로는 남강-낙동강을 통한 간접교역로와 진동만, 마산만을 이용한 직접적인 교역로로 구분된다. 남강-낙동강교역로는 4세기에서 5세기 전엽에 주로 활용되었고 함안 아라가야-김해 금관가야를 긴밀하게 연결시켜 주었던 것으로 파악된다. 고구려 남정과 김해 세력의 몰락으로 남강-낙동강교역로가 위축됨에 따라 남해안의 진동만, 마산만의 중요성이 대두되었다. 특히 진동만은 창원 대평리유적, 덕곡리유적 등 4~6세기 고분군이 밀집하는 점으로 보아 아라가야의 최대 항구였을 것으로 추측된다.

아라가야와 일본 열도에서 출토된 고고자료를 바탕으로 양국의 교류양상을 살펴보면 Ⅰ단계(세기 후엽~5세기 전엽), Ⅱ단계(5세기 후반)로 구분된다. Ⅰ단계는 김해·부산의 금관가야를 중심으로 형성된 왜와의 교역체계에 아라가야가 동참하는 형국이었으며 Ⅱ단계는 금관가야가 와해되면서 아라가야, 소가야, 대가야 등 다변화된 교역체계가 형성되었던 것으로 파악된다. 특히 Ⅱ단계는 고성을 비롯한 남해안세력의 성장과 서남해안교역로의 부각이 주목된다. 아라가야는 금관가야를 대신하여 새롭게 성장한 소가야와 공조하며 일본 열도와의 교류를 유지하였던 것으로 나타난다. 함안 오곡리유적, 창원(舊 마산) 대평리유적, 창원(舊 마산) 현동유적 등 함안 아라가야의 주변부에 소가야 토기가 급증하는 원인은 바로 여기에 있다. 남해안과 영산강유역에 등장한 왜계고분과 전방후원분은 변화된 가야와 왜의 교역체계를 반영한다. 창원 대평리유적 M1호분은 아라가야 최대의 항구인 진동만에 축조된 왜계고분으로 서남해안교역로와 관련하여 출현한 것이 확실하다.

아라가야의 對倭交流와 그 변화양상을 파악해본 결과 몇 가지 중요한 사실을 확인할 수 있었다. 5세기 중엽 이후 금관가야의 쇠퇴와 신라세력의 팽창으로 동남해안교역로가 위축되고, 고성을 비롯한 남해안세력의 성장과 서남해안교역로의 부각이 주목된다. 가야사회 교역체계의 변동, 고성 등 남해안 세력의 성장, 신라의 낙동강 하류역 진출 등 일련의 변동은 문헌기록에 등장한 浦上八國戰爭의 내용과 일치한다.

문헌기록과 고고자료를 종합해보면 5세기 후반의 어느 시점에 아라가야를 중심으로 남강, 남해안 일대의 소가야세력이 연합하여 낙동강하류역의 김해·부산을 공략한 것이 포상팔국전쟁이 아닐까 판단한다. 전쟁의 원인은 금관가야의 몰락과 신라의 팽창에 따른 가야내부의 교역체계의 변동으로 파악된다.

〈參考文獻〉

1. 報告書 및 圖錄

(韓國)

국립광주박물관・전라남도・나주군, 1988,『羅州潘南古墳群 綜合調査報告書』.
국립김해박물관, 2007,『함안 말이산 4호분』.
국립나주문화재연구소, 2012,「전남 고흥 야막고분 발굴조사 자문회의 자료」.
경남고고학연구소, 2010,『김해 구산동유적』.
경남문화재박물관, 2007,『咸安 梧谷里遺蹟-함안 도시계획시설지구내-』.
경남발전연구원, 2011,『마산 진북 대평리유적』.
동서문물연구원, 2009,「마산 현동-임곡간 국도건설공사 구간 내 유적」현장설명회 자료집.
우리문화재연구원, 2010,『咸安 梧谷里 28番地遺蹟』.
창원대학교박물관, 1990,『馬山縣洞遺蹟』.
＿＿＿＿＿＿＿＿, 1995,『咸安 梧谷里遺蹟』.

(일본)

奈良國立文化財研究所, 1981,『平城宮發掘調査報告』X.
橿原考古學研究所附屬博物館, 2006,『海を越えたはるかな交流-橿原の古墳と渡來人-』, 橿原大阪府教育委員會・財團法人 大阪府埋藏文化財協會, 1995,『陶邑・大庭寺遺跡』Ⅳ.
大阪府教育委員會・財團法人 大阪府文化財調査研究センター, 1996,『陶邑・大庭寺遺跡』Ⅴ.
大阪府立 近つ飛鳥博物館, 2006,『年代のものさし-陶邑の須惠器』.
北野耕平, 1976,『河內野中古墳の研究』, 臨川書店.
岸和田市教育委員會, 1993,『久米田古墳群發掘調査概要』Ⅰ.
吹田市立博物館, 2004,『千里丘陵の須惠器-古代のハイテク工場』. 考古學研究所 附屬博物館 特別展圖錄 第66冊.

2. 연구논문

(韓國人)

김미도리・오광섭, 2007,「함안 말이산 34호분(現4호분) 출토 금속유물연구-鐵鞘

小環頭大刀와 鹿角裝 鐵劍을 중심으로-」『함안 말이산 34호분』, 국립김해박물관, p.136.

김수한, 2010, 「阿羅加耶의 殉葬-大型 殉葬墓를 中心으로-」『영남고고학보』55, 영남고고학회.

김혁중, 2012, 「한반도 출토 왜계 갑주로 본 신라와 왜」『新羅와 倭의 交流』, 경북대학교박물관·일본 국립역사민속박물관 공동주최 국제학술대회.

김형곤, 1995, 「阿羅伽耶의 형성과정 연구-考古學的 資料를 中心으로-」『加羅文化』12, 경남대학교 가라문화연구소.

남재우, 2003, 『安羅國史』, 혜안.

박상언, 2010, 「가야지역 왜계고분의 연구현황과 과제」『경남의 가야고분과 동아시아』, 학연문화사.

박천수, 1993, 「韓半島から見た初期須惠器の系譜と編年」『古墳時代における朝鮮系文物の傳播』, (第34回 埋葬文化財研究集會發表要旨文).

_____, 2002, 「古代 韓半島와 日本列島의 相互作用」『고대 한일관계사의 새로운 조명』제15회 한국고대사학회 합동토론회.

_____, 2007, 『새로 쓰는 고대 한일교섭사』, 사회평론.

송계현, 2001, 「4~5세기 동아시아의 갑주」『4~5世紀 東亞細亞 社會와 加耶』, 제2회 가야사 국제학술회의.

신경철, 1997, 「日本 初期 須惠器의 發現」『東 아시아속의 韓·日 關係』, 부산대학교 한국민족문화연구소 '97국제학술대회.

_____, 2003, 「古墳時代における朝鮮半島南部と倭」『日本考古學協會第67回總會研究發表』.

이영식, 2002, 「安羅國과 倭國의 交流史」, 『古代 咸安의 社會와 文化』, 국립창원문화재연구소 2002년도 학술대회, pp.97-113.

이주헌, 2000, 「阿羅伽耶에 대한 考古學的 檢討」『가야각국사의 재구성』, pp.219-285.

조수현, 2006, 「화염형투창토기 연구」『한국고고학보』59, 한국고고학회.

조영제, 2006, 『西部慶南 加耶諸國의 成立에 대한 考古學的 硏究』, 釜山大學校大學院 博士學位 論文.

창녕군, 1996, 『창녕 교동고분군』, p.63.

하승철, 2001, 「加耶西南部地域 出土 陶質土器에 대한 一考察」, 慶尙大學校大學院

　　　　, 2009, 「4-6세기대 창녕지역 도질토기의 변천」 『경남연구』 1, 경남발전연구원 역사문화센터.

　　　　, 2011, 『가야의 포구와 해상활동』, 인제대학교 가야문화연구소·김해시, 주류성.

　　　　, 2012, 「토기와 묘제로 본 고대 한일교류」 『아시아의 고대 문물교류』, 중앙문화재연구원 편, 서경문화사..

홍보식, 2006, 「한반도 남부지역의 왜계 요소-기원후 3~6세기대를 중심으로-」, 『韓國古代史研究』 44, 한국고대사학회.

허재혁, 2005, 「포상팔국전쟁의 원인과 성격-김해지역정치세력의 성쇠와 교역-」, 『加耶의 海上勢力』, 제11회 가야사학술회의, 김해시.

(日本人)

橋本達也, 2005, 「古墳時代甲冑系譜論-日韓の帶金式甲冑の問題」 『マロ塚古墳出土品を中心にした古墳時代中期武器·武具研究文化論考』, 國立歷史民俗博物館共同研究.

梅原末治, 1921, 「鹿角製刀裝具」 『朝鮮古蹟調査報告-大正6年度-』, pp.260-273.

福尾正彦, 2003, 「日本と朝鮮半島の鐵製甲冑」 『東アジアとの日本考古學Ⅲ』

北野耕平, 1976, 『河內野中古墳の研究』, 臨川書店.

小林行雄, 1976, 「直弧文」 『古墳文化論考』, 平凡社, 東京, pp.483~540.

伊藤玄三, 1984, 『直弧文』, 考古學ライブリ-28 ニュー·サイエンス社.

櫻井久之, 2000, 「直弧文はいかにしてできたか」 『大阪市文化財協會研究紀要』 第3号, 大阪市文化財協會.

田中淸美, 1985, 「長原遺蹟出土の特異なタタキメのみられる土器について」, 『考古學論集1』.

　　　　, 1994, 「鳥足文タタキと百濟系土器」, 『韓式系土器研究』 Ⅳ.

定森秀夫, 1998, 「初期須惠器と韓半島製陶質土器」 『朱雀』 10..

井上一樹, 2005, 「直弧文の成立過程」 『立命館大學考古學論集』 Ⅳ, 立命館大學考古學論集刊行會.

酒井淸治, 2003, 「日本の軟質土器と渡來人」, 『古墳時代東國における渡來系文化の受容と展開』, 專修大學文學部.

竹谷俊夫, 1984,「火焰形 透孔의 系譜」,『伽倻通信』84년 9월호, 釜山大學校博物館 pp1~5.

_____, 1995,「日本 朝鮮半島出土 鳥足形タタキ文土器の諸例-その分布と系譜-」,『西谷眞治先生古稀記念論文集』.

_____, 2002,「日本における火焰形 透孔土器の系譜について」,『古代 咸安의 社會와 文化』, 국립창원문화재연구소 2002년도 학술대회.

植野浩三, 2002,「TK73型式の再評価-高杯の消長を中心にして」,『田辺昭三先生古稀記念論文集』, 眞陽社.

花田勝廣, 2005,「古墳時代の 畿內渡來人」,『ヤマト王權と渡來人』, サンライズ出版, p.8.

4세기의 아라가야와 금관가야

홍보식(부산박물관)

Ⅰ. 서언

桓靈之末인 2세기 후반 이후 낙랑의 영향력이 쇠퇴하면서 삼한사회는 큰 변화를 맞이한다. 목관묘가 사라지고 목곽묘가 새로운 묘제로서 등장하고, 토기와 철기 등 많은 유물을 부장하는 후장습속이 나타난다. 특히 영남지역에서 그러한 현상이 두드러진다. 목곽묘는 목관묘보다 규모가 훨씬 클 뿐만 아니라 부장된 유물의 종류와 수량이 훨씬 많다. 이는 "桓靈之末 韓濊强盛"이란 기록과 어느 정도 부합한다.

그런데 2세기 후반의 한예강성은 모든 지역에서 균일하게 전개되지는 않았고, 김해·부산·울산·경주 등 동남해안의 선진지역을 중심으로 전개되었을 것으로 추정할 수 있는 물질자료가 상기 지역에서 다수 확인되었다. 낙랑군의 영향력이 감소하면서 영남지역의 정치질서가 새롭게 재편된다. 목관묘 조영기의 중심 집단들 중 일부는 현저하게 쇠퇴하고, 새로운 집단이 부상한다. 대구 신천동·만촌동, 영천 어은동·용전리, 경주 입실리·구어리·조양동, 창원 다호리분묘군 등은 목관묘 조영기의 중심 집단을 나타내지만, 2세기 후반 이후 현저하게 쇠퇴하고, 경주 구정동·황성동·덕천리분묘군, 울산 중산리분묘군, 하대 분묘군, 부산 복천동분묘군, 김해 대성동분묘군, 양동리분묘군 조영 집단이 새로운 지배세력으로 부상하는 모습이 이 시기의 물질자료에서 엿볼 수 있다. 이 2세기 후반에 성립되는 새로운 문화는 3세기를 거치면서 영남 각지로 확산되고, 각지의 거점지역을 장악한 정치세력이 등장하면서 문화적 특색을 달리하는 광역의 정치집단이 성립되었다. 김해를 중심 무대로 한 금관가야(가락국)는 영남의 다른 지역보다 선진지역으로서 주변 집단과의 활발한 교류관계를 통해 성장하였다. 함안을 중심으로 한 지역에도 정치세력이 성장하였는데, 아라가야(안야국)가 그 실체이다.

3세기의 구야국과 안야국은 변한의 대국으로서 중심 세력이었고, 삼국시기에는 금관가야와 아라가야라는 정치체로 계승되었다. 금관가야와 아라가야는 목관묘와 전기 와질토기, 목곽묘와 후기 와질토기와 도질토기, 가야양식토기로의 계기적인 발전을 보이지만, 발전의 내용과 수준은 동일하지만은 않았다. 김해-부산지역은 다양한 외래계 유물과 함께 초대형 목곽묘가 조영되고, 갑주·마구 등 당시 최신 선진 물품을 소비하고, 죽은 자를 위해 사람을 죽여 매장하는 순장을 통해 지배자의 권위를 표현하기도 하였다. 동시에 다양하고 많은 물품을 죽은 자를 위해 소비하는 사회행위가 유행하였다.

함안지역은 변진 대국의 하나인 안야국과 아라가야의 중심지로 비정되지만, 적어도 4세기까지는 김해지역의 양상과는 다른 모습이다. 근년의 연구에 의하면, 고식도질토기의 생산 거점이자 새로운 기종의 개발지로서 함안지역 정치체의 위상과 역할을 강조하는 경향이 있다.

본 발표는 지금까지 김해-부산지역과 함안지역에서 실시된 발굴조사 성과와 최근의 고식 도질토기의 일부 기종이 함안지역에서 생산하여 영남 각지로 유통되었을 것이라는 최근의 연구 성과를 재검토하면서 4세기의 아라가야와 금관가야의 물질자료의 검토를 통해 금관가야와 아라가야의 사회발전 단계를 비교하여 4세기의 영남지역 사회의 일면을 파악하고자 한다.

II. 김해-부산권역과 함안권역의 토기 편년

1. 교차 편년 성과 검토

금관가야 및 아라가야권역의 편년연구는 다른 지역에 비해 상당히 많이 이루어졌다. 특히 김해·부산지역의 고분에는 많지는 않지만, 수기의 고분에서 함안 양식계 토기가 출토되어 김해·부산지역과 함안지역 고분 출토 토기의 교차 편년이 이루어졌다. 그 내용을 요약하면 〈표 1〉〈표 2〉와 같다.

〈표 1〉 김해-부산권역 3~4세기의 고분 편년

연구자 연대	신경철(2006)	정주희(2009)	조성원(2010)	우지남(2000)	박천수(2003)
3세기 2/4					대 29, 예 160·74
3/4		대 29·59			구 1·4
4/4	대 29 양 235 노 21	구 1·4 예 74·90·160 복 84	대 29·52·55 양 235·81·85		대 18·13 복 38
4세기 1/4	예 162·74 노 17	대 13·18 예 93 복 38	대 54·59 양 58 예 160·74	구 2 예 74·160	구 6 복 60
2/4	대 18·13 예 100-93 복 38·69	대 47, 구 6 예 138, 퇴가-7 복 60(주)·57·74·69	대 13·18 양 15 예 99·143 복 38	복 38	구 15 예 151 복 48
3/4	대 2 예 138 복 69·60(주)·57	대 2·3·39·II-24 복 54·95	대 47·57 양 47·50·62 예 104·118·132 복 57·60	대 2 칠 32 복 57	대 2 예 117 복 95
4/4	대 39·3 예 117·133 복 60(부)	대 1·V-28	대 2·3 양 7·9·46·100 예 11·31·76·97· 116·138·140·151 복 54·95	예 117	복 21-22

〈표 2〉 함안 · 의령권역의 3~4세기의 고분 편년

연구자 연대	김정완(2000)	이주헌(2011)	우지남(2000)	박천수(2003)	정주희(2009)
3세기 2/4				도(가)35	
3/4				도(경)33 · 2(가)	도(가)35
4/4				황32예2	도(경)33 예12 · 16
4세기 1/4	황3 · 39 도 · 40	도2 · 35(가), 33 · 34 · 36(경) 황40	도35 · 2(가) · 33 · 34 · 36 · 49(경) 예26 · 51 · 12 · 48 황40	황45	도(가)50 예48 현67
2/4		황32 · 39 윤6	윤6, 예2 · 56황 32 · 39, 현67	황44	황1 · 7 · 39 윤7
3/4	황15 · 32 · 35 · 44 · 도굴갱	황1 · 7 · 35 · 45, 윤3	황35 · 7 · 1 · 45 윤3	현4	황32 · 36 · 44 · 47, 현14
4/4	황3 · 7 · 36	도41(가) 황4 · 36 · 44 · 47, 윤1 · 7	황44 · 47 · 26 현51	도10(가)	도42(가) · 44 · 45 · 말10, 현50
5세기 1/4					도3(가) 오5 · 8

〈표 1〉과 〈표 2〉에 의하면, 금관가야 양식 토기와 아라가야 양식 토기의 연대관은 2가지 범주로 구분할 수 있다. 첫째는 도질토기의 등장을 3세기 4/4분기로 설정하고, 김해-부산지역의 목곽묘에서 외절구연고배의 등장시기를 4세기 3/4분기, 파수부노형토기의 소멸 시기를 4세기 4/4분기로 설정한 견해이다. 이 견해는 신경철 · 이재현 · 김두철 · 홍보식 등에 의해 견지되어 왔다.

둘째는 도질토기의 등장을 3세기 전반 또는 후반의 빠른 시기로 설정하고, 금관가야의 성립을 3세기 후반 초로 인식한 견해이다. 이 견해는 박천수 · 정주희에 의해 제시되었다.

전자의 연대관에는 양동리 162호묘 출토 한경, 구야국에서 금관가야로의 전환 시기, 광개토왕 남정에 의한 금관가야 쇠퇴에 수반한 금관가야 양식 토기의 소멸 등이 근저에 바탕을 두고 있다. 후자는 근년 일본열도의 유적에서 출토한 목재의 연륜연대 산정치에 근거한 열도의 스에키 편년과 영남지역에서 출토한 토기의 교차편년에 근거하고 있다. 이 양자의 편년관은 단지 김해-부산지역과 함안지역 출토의 물질자료에만 적용되지 않고, 한반도와 일본열도의 삼국시대와 고분시대 전반에 걸쳐 있다.

역연대를 설정하기 이전에 김해-부산지역과 함안지역의 교차편년을 수립하기 위해 양 지역에서 출토한 유사한 토기의 사례를 비교 분석하고, 기왕의 연구에서 동일 단계를 편년한 자료의 재검토를 통해 김해-부산지역과 함안지역의 편년체계를 수립한다.

2. 김해-부산지역과 함안지역의 교차 편년과 역연대

김해-부산지역에서 출토한 함안 양식계 토기와 함안지역에서 출토한 함안 양식 토기와 형식 비교하여 양 지역 출토 토기의 교차 편년이 이미 선학들에 의해 이루어져 왔다. 기왕의 교차 편년에서 정확하게 비교하지 않는 점들과 거의 주목받지 않는 자료도 있어 이하에서는 양 지역 출토 토기의 교차편년을 시행한 후, 4세기의 김해-부산지역과 함안지역의 고분을 편년하여 양 지역의 비교를 위한 편년 기준으로 활용한다.

복천동 57호묘에서 출토한 함안 양식계 통형고배와 유사한 특징을 보이는 함안지역의 출토 사례로는 황사리 7·14호묘 출토품과 윤외리 3호묘 출토품이 있다. 복천동 57호묘 출토품과 황사리 7·14호묘, 윤외리 3호분 출토품은 완전 동형식은 아니지만, 대각 폭이 좁고, 구연 아래의 배신 상단 외면에 돌대가 2조 돌아가고, 대각에 압인의 삼각문대가 형성되어 있는 점 등은 동일하다. 김해 대성동 II-24호묘 출토 함안 양식계 통형고배도 상기의 통형고배와 그 특징이 유사하다. 기왕의 대부분의 편년에서 함안지역 출토 고배를 김해-부산지역 출토 함안 양식계 고배보다 1단계 빠르게 편년하였는데, 공통의 특징을 보이는 고배에 대해 단계를 구분할 근거가 없다. 따라서 상기의 고배들은 같은 단계로 설정된다.

대성동 2호묘와 복천동 54호묘에서도 수점의 함안 양식계 통형고배가 출토되었다. 함안지역에서 이와 유사한 통형고배의 예로는 황사리 48호 출토품을 들 수 있는데, 기왕의 연구에서는 황사리 48호묘가 1~2단계 빠르게 편년되었지만, 같은 단계로 설정해야 한다.

4세기 2/4분기(정주희, 2009) 또는 3/4분기(우지남, 2000, 이주헌, 2011)로 설정한 황사리 1호묘 출토 노형토기와 유사한 예는 부산 복천동 10(동)·69·54호묘 출토품이다. 황사리 1호묘에서 출토한 노형토기는 구연이 외반하고, 발부의 깊이가 깊고, 형태가 반구형이며, 발부 상방에 삼각형의 돌대가 돌려져있고, 그 아래에 조밀한 횡침선대가 있다. 이와 같은 형식의 노형토기는 함안권역에서 현재 황사리 1호묘에서 1점 출토되어 함안권역에서는 거의 확인되지 않는 형식이다. 이와 유사한 형식의 노형기대는 부산 복천동 10(동)·69·54호묘에서 수십점 출토되었다. 이 형식의 노형토기가 출토한 고분의 시기는 모두 4세기 4/4분기로 편년되는데, 황사리 1호묘는 이보다 1단계 앞선 3/4분기로 편년한 견해도 있다(우지남, 2000). 황사리 1호묘 출토 노형토기는 부산지역으로부터 반입되었을 가능성이 있으므로 복천동 10(동)·69·54호묘와 같은 시기로 편년하는 것이 타당하다.

김해·부산지역의 4세기 고분에는 함안권역에서 반입된 함안 양식계 토기가 출토되었지만, 함안권역에서는 앞서 비교 검토한 황사리 1호묘 출토품 외에 함안 오곡리 87번지 22호 주거지 출토 외절구연고배 1점 등이 확인된다. 오곡리 87번지 22호 주거지는 파괴가 심하여 정확한 주거 구조를 알 수 없을 뿐만 아니라 외절구연고배 외의 공반 유물이 없어 함안지역 출토품과의 비교 검토가 불가능하다.

　이외에 많은 연구자들이 함안지역 토기와 김해-부산지역 토기를 교차편년한 1단계 자료로서 인용된 예안리 160·74호묘와 도항리 2·35(가)·33·34·36호묘(경), 예둔리 12·26·48·51호묘, 2단계 자료로서 설정한 복천동 38호묘와 황사리 32·39호묘, 윤외리 6호묘, 예둔리 2·56호묘가 같은 동일 단계로 위치시킬 수 있는지 재검토가 필요하다.

　예안리 160호묘에는 단면 원형의 파수가 부착되고 견부에 사격자 암문이 시문된 노형기대가 출토되었다. 이 파수부노형기대는 금관가야 양식 토기의 주요 기종의 하나인 파수부노형기대에서 가장 빠른 형식으로서 3세기의 노형토기에서 4세기의 노형토기로 전환 모습을 보여주는 형식이다. 이와 공반한 소문의 양이부단경호는 4점인데, 귀의 형태가 다양하여 등장기의 모습을 보여준다. 도질의 양이부단경호·단경호와 와질의 양뉴부옹·단경호(격자·평행타날)·파수부노형기대·유개대부직구호 등 기종 조성이 단경호 위주로 단순하고, 컵형토기와 뚜껑은 공반하지 않았다. 유개대부직구호는 포항-경주-울산지역에서 주로 소비된 기종으로서 김해지역에서는 현재까지 예안리 160호묘에서 1점 출토된 아주 희소한 제품으로서 신라권역으로부터 반입되었거나 김해지역에서 모방 생산하였을 것으로 추정된다.

　예안리 160호묘와 같은 형식의 파수부노형기대와 소문의 양이부단경호의 예로는 대성동 59호묘 출토품을 들 수 있다. 대성동 59호묘에는 파수는 부착되지 않았지만, 견부에 사격자암문이 시문된 노형토기와 단면 원형파수가 부착되고, 구연이 90° 가까이 외반하고 대각에 원형 투공이 뚫린 노형기대가 출토되었다. 소문의 양이부단경호도 구경 길이가 짧고 살짝 외반하는 등 예안리 160호묘 출토 소문양이부단경호와 동형식이다. 그리고 가장 큰 특징은 대성동 59호묘에서 출토한 승석문양이부단경호이다. 이 승석문양이부단경호는 구경이 내경하고, 견부가 수평에 가깝게 강조되어 동이 역삼각형이고, 귀의 접합 면적이 넓은 등 지금까지 출토한 승석문양이부단경호 중에서 가장 빠른 형식이다. 현재 함안권역에서 가장 빠른 형식의 승석문양이부단경호가 도항리 35호묘(가) 출토품인데, 이 단경호는 구경이 직립하거나 또는 외반하고, 견부가 강조되지 않아 동이 구형인 점 등 대성동 59호묘 출토품보다 늦은 형식이다. 따라서 도항리 35(가)·33(경)호묘는 대성동 59호묘와 예안리 74·160호묘보다 늦게 편년하는 것이 타당하다.

김해-부산지역과 함안지역의 고분에 고배가 부장되지 않는 시기가 존재하며, 그 시기의 분묘로는 대성동 29·59·56·62호묘, 구지로 1호묘, 예안리 160·74·90·92·92호묘, 부산 복천동 80·84·38·56호묘 등이다. 이 고분들에는 고배 뿐만 아니라 컵형토기도 부장되지 않았다. 고배가 부장되지 않는 유구에도 차이가 있다. 복천동 38호묘에는 호에 뚜껑이 조합되었고, 56호묘에는 구연이 심하게 외반하는 소형의 노형기대가 부장되었는데, 84·80호묘에는 뚜껑과 소형 노형기대가 부장되지 않았다. 대성동 29·59·56·62호묘, 구지로 1호묘, 예안리 160·74·90·92·92호묘 등에도 뚜껑이 부장되지 않았다. 뚜껑 또는 소형 노형토기가 부장된 유구와 부장되지 않은 유구간에 시기 차이가 분명하게 존재하며, 후자가 전자보다 시기가 앞선다. 따라서 고배가 부장되지 않는 고분 중 뚜껑 또는 소형 노형기대가 출토한 고분은 출토하지 않는 고분보다 1단계 늦게 편년해야 한다.

함안지역에서 가장 빠른 양이부단경호가 출토한 도항리 2·35·33호묘에는 소형 노형토기와 뚜껑이 모두 공반하는데, 35호묘에는 노형토기와 뚜껑이 공반하고, 2·33호묘에는 수 점의 뚜껑이 공반하고, 고배와 컵형토기는 공반하지 않았다. 현재 함안지역의 고분 부장품 중 뚜껑과 노형토기가 공반하지 않는 고분이 확인되지 않았는데, 김해-부산지역처럼 존재할 가능성은 있다. 이 가능성을 고려하면 뚜껑과 소형 노형토기가 공반한 도항리 2·35·33호묘는 공반하지 않는 유구보다 늦게 편년해야 한다. 현재까지 이루어진 조사 성과를 고려하면, 4세기의 문물 구성과 내용이 김해-부산지역이 함안지역보다 훨씬 다양하며 선진적임을 감안할 때, 김해-부산지역에서 출토한 토기 기종 조성 내용의 시기적 추이가 빠르거나 비슷할 것으로 추정되므로 뚜껑이 공반한 도항리 2·35·33호묘의 시기를 뚜껑이 공반하지 않는 대성동 29·59·56·62호묘, 구지로 1호묘, 예안리 160·74·90·92·92호묘와 복천동 80·84호묘보다 한 단계 늦은 복천동 38·56호묘와 같은 단계에 편년하는 것이 타당하다.

이 시기의 물질자료의 명확한 역연대를 나타내는 기년명 자료가 없지만, 기왕의 연구성과와 함께 최근에 조사된 김해 대성동 91·88호묘의 조사 성과 등을 고려하면 이 시기 물질자료의 역연대를 어느 정도 추정할 수 있어 편년체계를 수립할 수 있다.

김해 대성동 91호묘에서 파수부노형기대·삼각투창고배·외절구연고배·원저단경호 등의 토기류와 金銅製步搖付飾金具·金銅製辻金具·圓帽球形鈴·銅帶卡·馬鈴·녹각표비 등의 마구류와 함께 銅盤이 출토되었다. 88호묘에는 유개단경호와 파형동기·통형동기·철촉 등의 유물과 金銅製透彫帶金具가 출토되었다.[1] 91호묘에서 출토한 金銅製步搖付飾金具·金銅製辻金具·馬鈴 등의 마구류와 銅盤 등은 중국 요녕성 조양 일대의 三燕墓에서 출토한 것과 유사하다. 金銅製步搖付飾金具의 예로는 朝陽 袁台子壁畵墓와 西溝村 채집품을 들 수 있고, 金銅製辻金具는 喇嘛洞 I M21호묘 출토품을 들 수 있다. 銅盤과 유사한 예로는 朝陽 袁台子壁畵墓와 喇嘛洞 I M9호묘 출토품을 들 수 있다. 88호묘에서 출토한 金銅製透彫

---

1) 대성동 91·88호묘 조사 내용 및 출토 유물의 종류와 특징은 심재용, 2012, 10의 강연자료집과 언론보도 내용을 참조하였다.

帶金具와 유사한 예로는 喇嘛洞IIM275호묘 출토품을 들 수 있다.

상기의 조양 일대에서 출토한 유물들은 대개 前燕 시기의 鮮卑墓 부장품이라는데 공통된 견해이다. 전연은 모용선비가 349년에 세운 왕조로서 4세기 3/4분기의 짧은 기간동안 존속하였다. 대성동 91호묘와 88호묘에서 출토한 선비계 유물의 시기는 4세기 2/4분기에서 3/4분기로 볼 수 있다. 91호묘에서 출토한 녹각제 표비와 동일한 형식의 표비가 부산 복천동 38호묘에서 출토하였다.

대성동 91호묘에서 출토한 파수부노형기대의 형식과 복천동 38호묘에서 출토한 파수부노형기대도 동형식으로 추정된다. 복천동 38호묘의 시기는 4세기 2/4분기로 편년되어왔는데(홍보식 2012), 2/4분기 중에서도 늦은 시점에 위치시키는 것이 타당하다. 대성동 91호묘의 전연 시기의 유물이 출토되어 복천동 38호묘의 시기 비정이 타당함을 알 수 있다. 金銅製透彫帶金具가 출토한 대성동 88호묘에서 출토한 동촉 등의 특징으로 볼 때, 91호묘와 같거나 늦은 4세기 3/4분기로 편년할 수 있다.

4세기 중엽을 전후한 시기에 복천동 38호묘와 대성동 91호묘가 위치하고, 노형토기가 사라지는 시기의 양상을 보이는 복천동 95호묘와 대성동 57호묘 등은 4세기 4/4분기의 늦은 시기의 역연대가 주어진다. 복천동 38호묘보다 고식의 토기 형식을 보이는 대성동 59·52·55호묘, 예안리 160·90·74·Q호묘, 복천동 84·80호묘 등은 4세기 1/4분기로 편년된다. 함안계 통형고배가 출토한 부산 복천동 57호묘와 대성동 II-24호묘는 4세기 3/4분기로 편년되고, 황사리 1호묘는 4/4분기의 빠른 시기로 편년한다. 복천동 57호묘보다 한 단계 빠른 함안 도항리 2·35(가)·33(경)호묘는 4세기 2/4분기의 늦은 시기로 편년한다.

이상 논의된 내용을 정리한 것이 〈표 3〉이다.

〈표 3〉 김해-부산지역과 함안지역의 4세기 고분 편년

지역 연대	김해·부산	함안·의령
3세기 4/4	양 235, 대 29·61 구 38·28	
4세기 1/4	대 59·52·55, 예 160·90·74·Q호 복 84·80	
2/4	대 58·91·88·62, 구 55 예 99·92·77 복 38·56·83	도 2·35(가), 33·34·36·49(경), 황 40
3/4	대 18·13·23·68·71·V-9·II-24, 구 4·9·26 양 49·62·89·19·22 예 118·109·138·143·151·93·15 복 60-86·57·74	도 42·50(가)·4(경)·말 8·14(경) 예둔 51·2·7·8·12·26·34·48·56 황 4·7·12·13·14·26·27·32·36·45 윤 6·2·3·4
4/4	대 47·70·2·57·V-8, 구 33·14 양 90·91·97·59·340·24·27 예 133·117·86·130·148, 화 23·26·17·28·21·19 복 42·43·44·64·70·54·95	도 45(가) 예둔 3·7·11·29·39 황 1·49·8·41·48 윤 1·7

★ '양'은 양동고분군, '대'는 대성동고분군, '구'는 구지로고분군, '예'는 예안리고분군, '화'는 화정고분군, '복'은 복천동고분군을, '도'는 도항리고분군, '예둔'은 예둔리고분군, '황'은 황사리고분군, '윤'은 윤외리고분군을 지칭한다.

3. 단계 구분

이상의 검토에 의하면, 도질의 양이부단경호 존속 시기는 모두 5단계로 구분할 수 있다. 각 단계에 해당하는 토기의 특징을 요약하면 다음과 같다.

1단계는 도질제의 양이부단경호가 처음 등장하는 시기로서 3세기 4/4분기이다. 이 시기의 양이부단경호의 예로는 김해 대성동 29호묘 출토 소문단경호 1점뿐이다. 이보다 앞선 시기인 3세기 3/4분기에 와질의 양이부

단경호가 생산되었고, 이 와질양이부단경호를 도질로 번안한 것이 도질의 소문양이부단경호로 추정된다. 양이부단경호가 처음 생산된 곳이 김해지역이다. 도질이 생산되었지만, 초현이라서 소비량은 많지 않았을 것으로 추정된다. 도질제는 소문 양이부단경호·소문단경호 등 단경호에 국한하고, 대부분은 와질제이다.

2단계는 4세기 1/4분기에 해당한다. 도질의 소문양이부단경호와 함께 승문타날 후 횡침선을 돌린 승석문양이부단경호가 생산 소비되었다. 부산의 복천동고분군에도 이 시기부터 소문양이부단경호가 생산 소비되기 시작하였다. 이 단계의 예로는 김해 대성동 59·52·55호묘, 예안리 160·90·74·Q호묘, 부산 복천동 84·80호묘, 노포동 17호묘가 해당한다. 김해-부산지역은 이 단계부터 노형토기가 대형화 하면서 견부에 단면 원형의 파수가 부착되고, 내부에 원저단경호가 놓인다. 견부에 사격자암문이 시문되고, 구연이 직립하고, 대각 높이가 짧은 점 등은 3세기의 노형토기 요소를 계승하였다. 이 파수부노형기대는 김해-부산지역에만 생산과 소비가 이루어진 전형적인 금관가야양식토기의 기종이다. 이외에도 배신이 반구형이고, 격자 또는 승문타날 후 횡침선을 돌리고 단면 원형의 반환형파수가 부착된 노형기대가 부장되는데, 이 노형기대도 김해-부산지역에만 생산·소비된 금관가야양식토기이다. 앞 시기에 생산되기 시작한 소문의 양이부단경호가 한 유구에 3~4점 등 복수 부장되어 소문양이부단경호의 생산과 소비가 증가한다.

3단계는 4세기 2/4분기이다. 이 시기는 양이부단경호뿐만 아니라 승문타날 후 횡침선을 돌린 승석문단경호와 소형 노형토기, 뚜껑도 도질로 제작되었다. 김해와 부산지역에서 생산 소비된 (소문·승석문)양이부단경호와 승석문단경호가 함안지역에서도 생산 소비되었다. 함안지역에서 (소문·승석문)양이부단경호·승석문단경호 등 3자가 동시에 생산 소비될 수 있었던 것은 이 3자가 이미 생산 소비된 김해-부산지역으로부터의 영향을 받았기 때문이었다.

김해-부산지역의 파수부노형기대의 파수의 단면 형태는 앞 시기의 원형과 이 시기부터 장방형이 더해진다. 2단계에 반구형의 노형기대는 소비된 사례가 거의 확인되지 않는다. 이는 기고가 낮은 파수부노형토기에 비해 기능이 떨어져 선호되지 않았기 때문에 생산이 중단된 것으로 추정된다. 도질의 직구단경호에 반구형의 뚜껑이 공반되고, 구연이 길게 외반하는 소형 노형기대가 부장된다. 이 단계의 가장 큰 특징으로는 주인공을 매장하는 목곽과 부장품을 매납하는 목곽으로 이루어진 이혈주부곽식 목곽묘가 김해 대성동고분군과 부산 복천동고분군에 조영되기 시작한다. 주부곽식으로 되면서 주곽의 목곽 깊이가 깊어진다. 그리고 철제 판갑·찰갑·투구 등의 갑주와 재갈 등의 마구가 부장되기 시작한다. 아울러 선비계 마구와 용기는 물론 왜계 유물과 신라계 유물 등 다양한 지역의 물품이 김해 대성동고분군에 부장되었다. 이 단계의 분묘로는 대성동 58·91·88·62, 구지로 55, 예안리 99·92·77, 복천동 38·56·83호묘가 해당한다. 중심 고분군과 주변부 고분군 사이에 명확한 위계가 목곽의 구조와 형식에 반영된다.

함안지역은 중심 고분군인 도항리·말산리고분군에 대형묘가 확인되지 않고, 목곽묘의 규모도 중·소형이고, 주부곽식은 확인되지 않는다. 부장품도 토기 수점과 철촉·철부·철겸 등 단순하고, 갑주와 마구의 부장은 확인되지 않는다. 도항리 2·35(가), 33·34·36·49(경), 황사리 40호묘가 이 단계에 해당한다.

4단계는 4세기 3/4분기이다. 김해-부산지역은 이 단계가 되면, 소문양이부단경호의 소비는 지속되고, 승문타날 후 횡침선을 돌린 승석문단경호가 다량 소비되는 특징 이외에도 삼각투창고배·외절구연고배·통형기대 등 새로운 기종이 생산·소비되면서 전형적인 금관가야양식 토기 조성이 성립되었다. 통형기대는 삼국시대에 생산된 토기 중 가장 정교하게 제작되었을 뿐만 아니라 다양한 문양이나 장식이 가미된 특수 토기로서 토기제작 기술의 최고를 나타낸다. 이와 같은 통형기대가 김해-부산지역에서 먼저 생산된 점을 고려하면, 당시 토기제작 기술을 선도하는 지역이 김해-부산지역이었음을 나타낸다. 이 시기의 함안지역 고분에는 지금까지 1점도 확인되지 않아서 함안지역에는 통형기대가 제작되지 않았다. 사용을 하지 않았거나 제작할 수 있는 기술이 구비되지 않았기 때문일 것이다. 함안지역에는 이보다 2분기 늦은 5세기 전반 이후에 통형동기가 생산된 점을 보더라도 4세기 영남지역의 토기생산 기술의 선진지역은 김해-부산지역이고, 함안은 주변부였음을 알 수 있다. 함안지역이 4세기 영남지역 도질토기의 생산을 리더하지 못하였음을 보여주는 증거이다. 김해-부산지역은 대성동·복천동 등 중심고분군뿐만 아니라 예안리·칠산동·퇴래리 등 주변부 집단의 고분군에도 마구와 갑주가 부장되었다.

함안지역은 승석문양이부단경호와 승석문단경호·컵형토기·뚜껑 등이 유행하였다. 소문양이부단경호의 소비는 아주 적었다. 유개대부직구호·광구소호·소형기대·컵형토기 등이 대량 생산 소비되었다. 4세기의 함안지역 토기의 특징을 보여주는 기종이 외면에 횡침선대와 지그재그문을 시문한 와질 소성의 뚜껑이다. 이 뚜껑은 함안 도항리·말산리고분군, 윤외리고분, 의령 예둔리고분군 등 아라가야권역에만 분포한다. 독특한 문양과 형식, 그리고 분포의 한정 등을 보이는 아라가야 양식 토기의 특징적인 기종이다.

5단계는 4세기 4/4분기이다. 외절구연고배의 기벽이 두터워지거나 대각이 길어지고 구연이 돌출하는 등의 형식변화가 일어나고, 파수부노형기대는 파수 단면이 장방형인 파수가 유행하다가 쇠퇴한다. 앞 단계에 생산된 통형기대의 기고가 급격하게 증가하여 50~70cm에 달한다.

III. 김해-부산, 함안지역의 물질자료

1. 묘제

3세기 후반부터 4세기 말까지 김해·부산지역 목곽묘의 추이는 다음과 같다. 3세기 후반의 목곽묘는 규모에서 대·중·소형으로 구분된다. 대형 목곽묘는 길이가 6~7m, 너비 3~4m이고, 깊이는 상대적으로 얕다. 목곽은 두께 10㎝ 내외의 판재 수매를 조립하여 만들고, 충전 공간이 넓다. 대성동 29호묘와 양동 235호묘는 대표적 예이다. 4세기 전반에도 앞 시기와 유사한 양상이 전개된다. 대성동 52·59호묘와 복천동 80·84호묘, 예안리 160·92·74호묘 등이 해당한다. 4세기 2/4분기가 되면, 주인공을 매장하는 주곽과는 별도의 목곽을 만든 이혈주부곽식 목곽묘가 조영되었고, 목곽의 규모가 앞 시기보다 배로 증가하였다. 주변부의 집단들은 중심집단의 이혈주부곽식 목곽묘를 모방하여 목곽 내부 바닥에 단을 만들어 주곽과 부곽을 구분하였지만, 면적은 중심 고분군의 목곽 면적의 절반에도 미치지 않는다. 대성동 91호묘, 복천동 56·38호묘가 해당한다. 4세기 후반에 이르면, 목곽 깊이가 더 깊어지고, 대성동고분군과 복천동고분군에는 이혈주부곽식 목곽묘의 수가 증가하고, 주변부에는 동혈주부곽식 목곽묘가 다수 조영되었다. 그리고 양동·칠산동·화명동 등 주변부 고분군에 수혈식석곽묘가 조영되기 시작하였다.

함안지역은 현재까지 길이가 5m 이상인 4세기의 대형 목곽묘의 존재가 확인되지 않았다. 아직 발굴조사가 되지 않았을 가능성은 배제할 수 없지만, 지금까지 행해진 조사 빈도를 고려하였을 때, 김해-부산지역과 같은 초대형 목곽묘의 존재 가능성은 없을 것으로 추정된다. 도항리·말산리 일대에서 조사된 가장 규모가 큰 4세기의 목곽묘인 도항리 33(경)·35(가)호묘

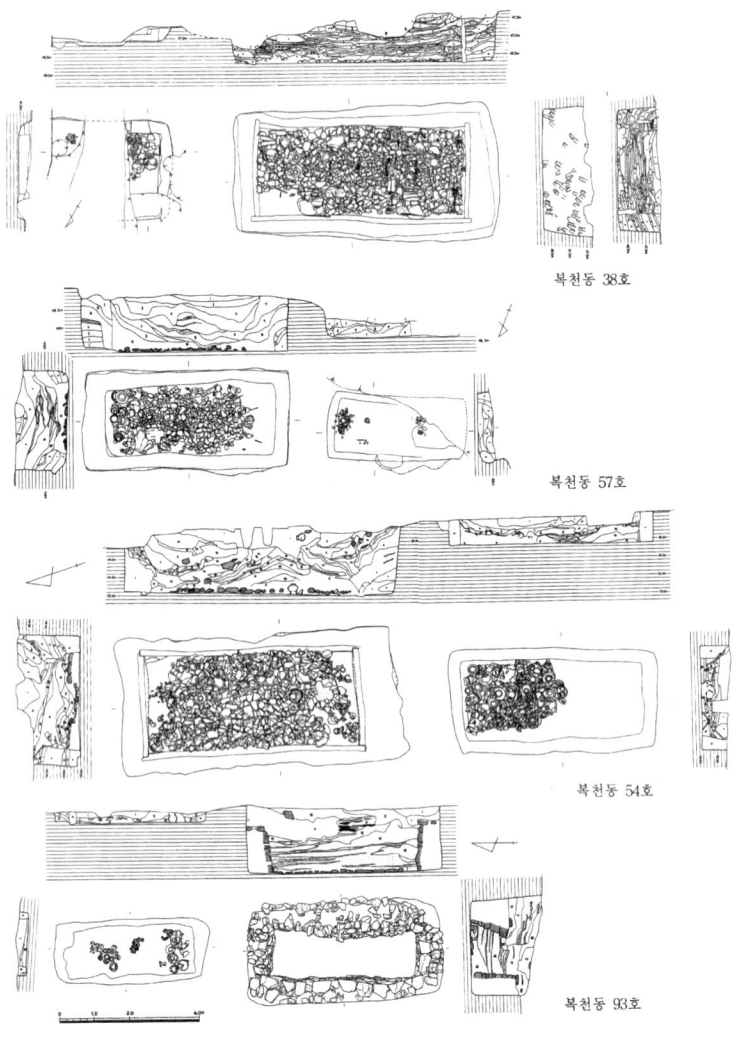

도면 1. 복천동고분군의 대형 목곽묘의 변화

는 길이 4m 내외, 너비 2.5m 이하로서 김해-부산지역의 중형급에 해당한다. 현재까지 조사된 자료에 국한하면, 김해-부산지역과 함안지역의 목곽묘는 비교 자체가 되지 않을 만큼 함안지역이 열세이다. 규모뿐만 아니라 구조와 부장품의 구성에서도 비교가 어려울 만큼 현저한 차이가 있다.

김해-부산지역에는 2세기 후반부터 목곽묘를 조영하였고, 3세기를 거치면서 목곽의 면적을 증대시켜 4세기 전반이 되면, 별도의 묘광을 파서 주곽과 부곽으로 구분한 김해식 목곽묘를 정립하였다. 신라의 최상위층 묘형 역시 김해식 목곽묘와 동일한 이혈주부곽식이다. 4세기 영남지역의 중심 정치세력이 금관가야 최상위층과 신라의 최상위층이었음을 나타낸다.

2. 무구·마구

3세기와 4세기 영남지역의 문화를 구분하는 요소는 다양한데, 갑주와 기승용 마구의 유무는 가장 중요한 요소이다. 4세기 2/4분기부터 금관가야권역의 무기와 무구 체계는 확실하게 변화함과 동시에 기성용 마구도 활발하게 부장된다. 부산 복천동 38호묘에는 만곡종장판복발주·종장판갑·찰갑 등의 갑주와 재갈이 출토되었고, 같은 시기의 56호묘에서도 판갑이 출토되었다. 57호묘에는 판갑 2벌, 86호묘에는 판갑 4벌과 투구 3벌, 재갈 등의 갑주와 마구가 출토되었다. 60호묘의 봉토 상부에 구축된 목곽에서 등자와 재갈이 출토되었다. 이외에도 4세기 후반으로 편년되는 42·43·46·64·69·70·71호묘 등 대형묘에 갑주와 마구가 부장되었다.

대성동 91호묘에서는 복수의 재갈이 출토되었다. 3/4분기로 편년되는 대성동 68호묘에는 투구·판갑·요찰 등의 갑주류와 재갈·등자·안교 등의 마구류가 공반되었다. 4세기 4/4분기가 되면, 대성동고분군·양동고

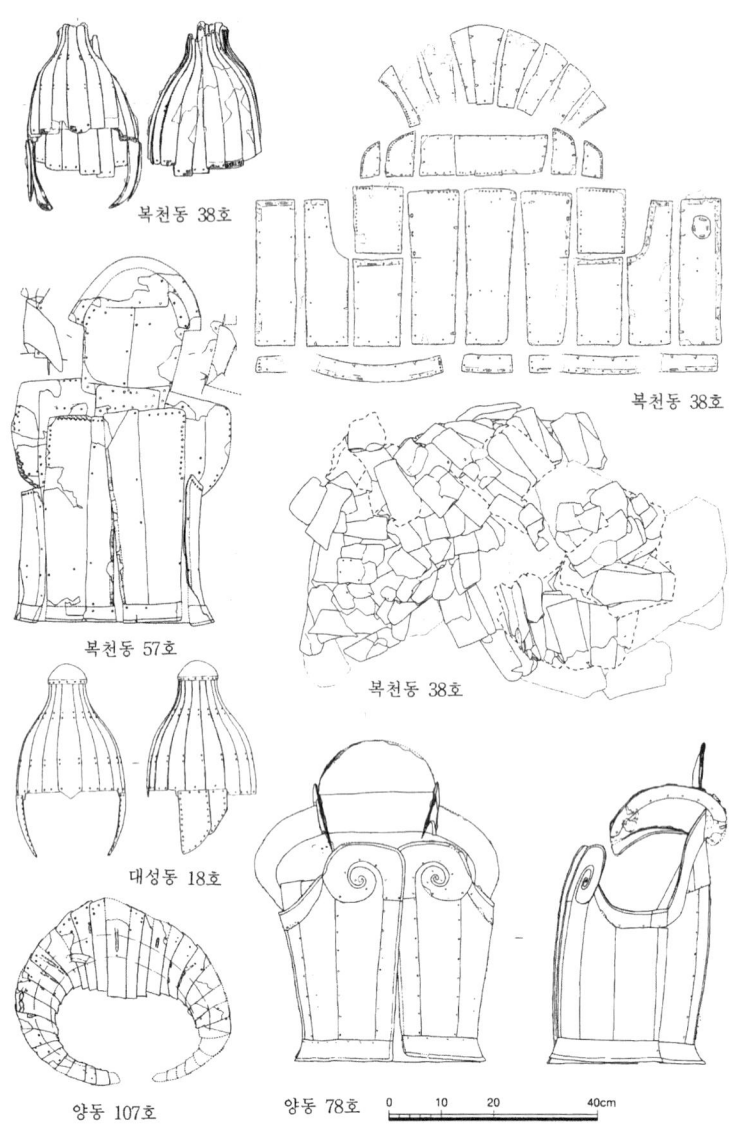

도면 2. 김해-부산지역 출토 갑주

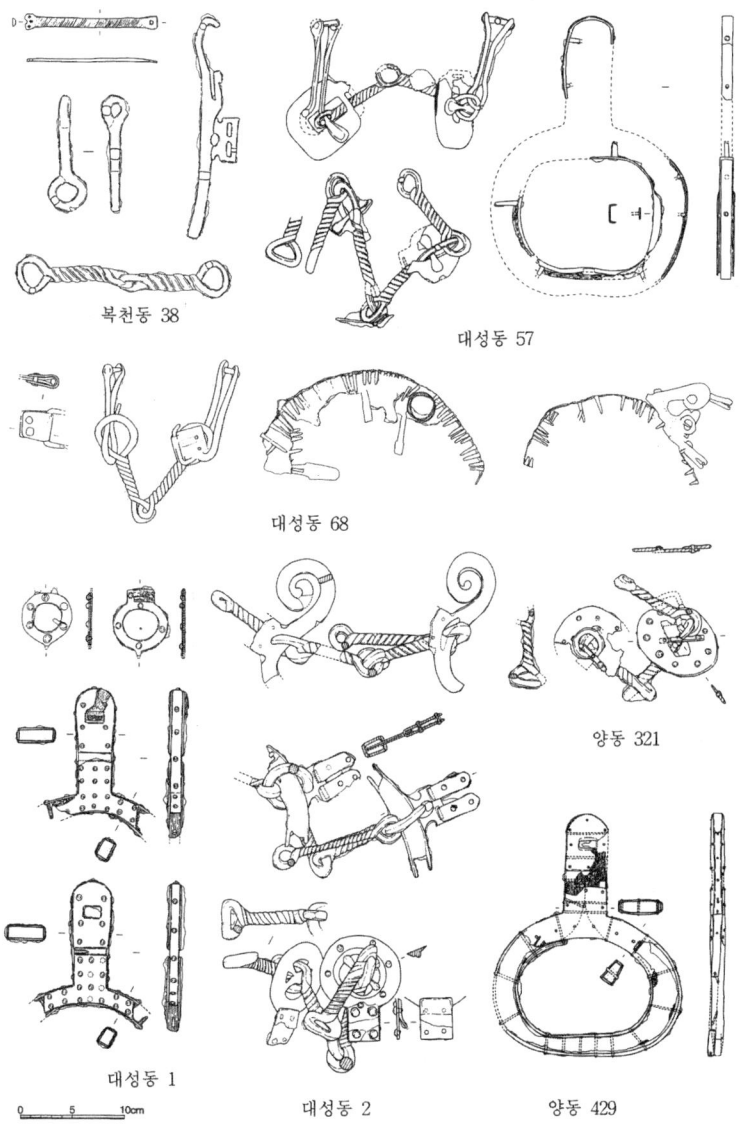

도면 3. 김해-부산지역 출토 마구

분군의 대형묘와 복천동고분군의 대형묘에는 대부분 갑주와 마구류의 부장이 일반화 한다. 주변 하위집단의 고분군인 김해 예안리 150호묘와 칠산동 35호묘에는 투구 또는 갑옷이 부장되는 등 주변 집단까지 확산되어 기마문화가 금관가야의 지배집단에 확실하게 보급되었음을 알 수 있다.

지금까지 함안지역에서 조사된 4세기의 고분에서 갑주는 물론 마구가 출토된 예가 없다. 함안지역의 고분에 갑주는 빨라도 5세기 2/4분기 이후가 되어야만 부장되고, 마구는 5세기 1/4분기 이후부터 부장된다. 갑주 부장에서 김해–부산지역과 함안지역은 1세기의 시차가 존재한다. 마구도 함안지역에서 5세기 1/4분기부터 부장되지만, 재갈에만 국한하고, 행엽과 등자는 3/4분기 이후부터 부장되어 이 역시 김해–부산지역보다 반세기 이상 늦다.

3. 외래계 유물

대성동·구지로고분군, 양동리고분군, 복천동고분군과 김해 봉황동유적, 동래패총 등 금관가야권역의 고분과 생활유적에서 외래의 반입품과 모방품 등 다양한 외래계 유물이 출토하였다.

대성동고분군에는 북방·중원(낙랑)·진한–신라·마한–백제·일본 열도계 유물이 출토되었다. 동복(29·47호)·대금구(88호)·호형대구(11호)·금동마구 장식(91호)·銅盤(91호) 등 중국 동북지역의 선비계 유물이 부장되었다. 이 선비계 유물이 김해지역으로 반입된 배경과 반입 주체에 대해서는 향후 면밀한 검토가 이루어져야하지만, 낙랑–중국 북방~한반도 남부지역~일본열도와의 교류 중심지가 김해지역임을 보여주는 자료이다.

아라가야권역에는 함안 윤외리분묘군에서 채잡된 통형 토제품과 오곡리 22호 주거지 출토 외절구연고배를 제외하면, 4세기의 유구에서 외래(계)

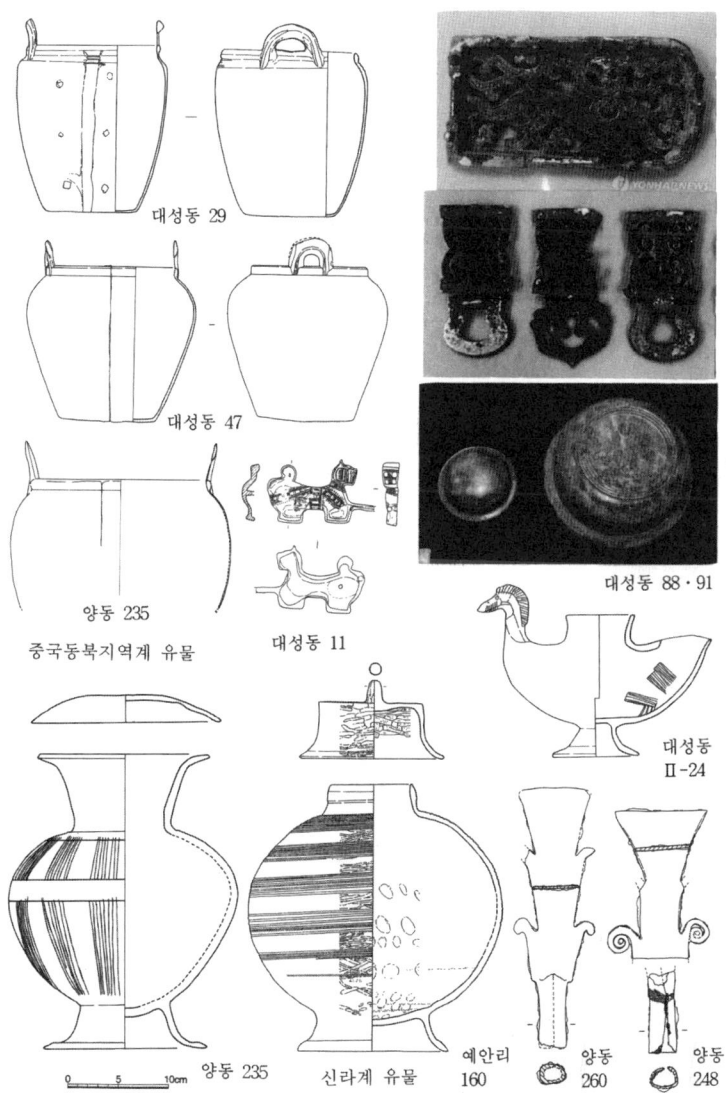

도면 4. 김해지역 출토 외래계 유물

물품이 거의 출토되지 않았고, 5세기 전반 이후가 되어야만 출토된다. 이는 4세기에는 금관가야가 남해안 일대의 교류 거점세력이었고, 아라가야는 국제 교류 시스템 속에 포함되어 있지 않았음을 나타낸다. 4세기 후반에 대성동·양동·복천동고분군에 아라가야계 토기가 출토되어 금 관가야와 관계를 맺고 있었음이 확인되는 점을 고려하면, 아라가야 수장층의 외래 물품 입수는 금관가야를 통해서 이루어졌을 것으로 추정된다.

4. 소위 함안양식 토기의 유통과 파급

1) 고식도질토기 함안 생산설과 유통의 문제점

4세기 영남지역의 도질토기 양상에 대해서는 다양한 견해가 제시되어 있는데, 크게 볼 때, 김해-부산양식, 경주양식, 함안양식으로 구분하고, 김해-부산지역과 경주지역을 제외한 전영남지역의 토기를 함안양식의 범주에 포함하여 4세기의 영남지역 사회를 해석하는 견해(박승규 2000;이성주, 2004;이주헌, 2011;박천수, 2003; 정주희, 2009;하승철, 2008)와 김해-부산지역, 경주지역, 함안지역으로 구분되지만, 김해-부산지역과 경주지역을 제외한 전영남지역의 도질토기가 유사한 것은 함안양식과 무관하게 적어도 다양한 복수의 지역에서 생산 소비되었다는 견해(김정완, 2000;우지남 2000;조영제 2005;홍보식 2006)로 구분된다.

김해-부산, 경주지역을 제외한 전영남지역의 토기를 함안양식으로 묶고, 함안지역에서 성립한 기종과 형태 및 제도술이 다른 지역으로 이식(도공의 파견에 의한 직접 이식과 모방의 간접 이식 모두 포함)되었거나 반출되었다고 가정할 경우, 함안지역의 제도술이 다른 지역과 비교했을 때, 어떤 선진성이 있었는지? 제도술의 이식과 도공의 파견, 물품의 반출에 의한 모방 등에는 단순히 제도술의 선진성만이 존재해서는 다른 지역에 큰 영향을 미치기 어렵고, 그 배후에는 정치·문화적인 선진성도 동시에 확보되어야만 가능하다(홍보식, 2011).

그런데 4세기 함안을 중심으로 한 아라가야가 금관가야와 신라보다 정치·문화적으로 우월하였음을 확인할 수 있는 물질자료라든가 역사 기록은 존재하지 않는다. 함안지역은 후기 와질토기 단계까지만 해도 낙동강 이동지역에 비해 제도술과 기종조성에서 열세에 있었는데, 갑자기 김해-부산지역과 경주지역을 제외한 전영남지역까지 영향을 미치는 토기문화를 성립할 수 있었던 객관적 요인과 배경이 제시되지 않았다. 그리고 유물의 반출에 의한 광범위한 지역에서 공통된 양식이 성립하기 위해서는 당시의 교통망과 연계한 검토도 이루어져야 한다.

이와 더불어 다른 기종도 많은데 승문타날원저단경호만 광범위한 지역에 유통되었을까? 당시 승문타날단경호가 어떤 의미를 지녔기 때문에 다른 기종과 달리 유통되었는가? 일반적으로 선사·고대 사회에서 토기 그 자체가 상품으로 유통된 사례는 거의 없고, 대개 다른 물품을 담는 용기로서 반출과 반입이 이루어졌는데, 왜 함안산 토기만은 상품으로 유통되었는가 등에 대한 설명은 제시되지 않은 채 유사하므로 어떤 지역에서 반출되었다든지 어떤 지역의 도공이 파견되었다든지 하는 실증되지 않은 부분이 많다.

김해-부산지역은 3세기 말부터 소문 양이부단경호·평저단경호·소문단경호 등의 도질토기를 생산하였고, 4세기 초에 앞의 기종에 더해 파수부노형토기와 격자 또는 승문타날단경호가 생산되었고, 3/4분기에는 외절구연고배를 위시해 유개고배·통형기대 등 다양한 기종의 도질토기가 생산되었다. 4세기의 김해-부산지역은 여타 영남지역과 비교했을 때, 그 어떤 다른 지역보다 도질토기의 기종이 다양하고, 수량이 많은데, 왜 승석문양이부단경호와 승석문단경호는 생산하지 않고 함안지역으로부터 공급받았을까? 4세기 당시 고배와 단경호가 상품으로서 유통되었을까, 유통되었다면, 어떤 운송수단과 채계가 구비되었고, 어떤 상품적 가치를 발휘하였으며, 교환의 대가는 무엇이었는가? 토기가 상품으로 유통된 사례는 매우 희박하고, 대개 교환할 물품 또는 귀중품을 교환할 때, 이 물품들을 담은 용기로서 유통되었다. 함안산 토기가 상품으로서 유통된 특수성이 무엇인지에 대한 답이 필요하다.

2) 양이부단경호와 승석문단경호의 분석

(1) 양이부단경호

김해-부산지역과 함안지역의 4세기 토기의 특징으로서 도질 양이부단경호의 존재를 들 수 있는데, 소문과 승석문(승문)이 있다. 소문 양이부단경호는 기벽이 두텁고 무거우며, 정치상태로 소성하였다. 승석문단경호는 기벽 두께가 얇고, 크기에 비해 무게가 가볍다. 이 단경호는 몸통 가운데 일부가 함몰되었거나 다른 단경호 편이 붙어 있어 소성시 다른 토기와 중첩한 흔적이 확인된다. 이러한 흔적은 소성할 때, 횡치한 상태에서 위에 호 또는 다른 토기를 중첩하였거나 횡치상태에서 좌우에 다른 단경호를 밀착시켜 소성한 결과로 추정된다.

양이부단경호의 가장 큰 특징은 중앙에 좌우로 관통된 원형 투공이 뚫려있는 귀가 견부 좌우에 대칭되도록 부착된 점이다. 단경호에 저장물을 담아 이동할 때 귀에 뚫린 구멍에 끈을 끼워 사용하였을 것으로 추정된다.

귀의 단면형태는 장방형·∩자형·∧자형·삼각형으로 구분된다. 장방형은 호에 부착된 면을 제외한 3면이 평탄면이다. 이에 해당하는 예로는 대성동 70호묘 출토품 2점, 구지로 4호묘 출토품 1점, 예안리 160호묘 출토품 1점과 O호 옹관묘 주옹으로 사용된 단경호 1점, 함안 도항리 35(가)호묘 출토품 2점 등 7점이다. 모서리가 예각을 이루는 A식과 둔각을 이루는 B식으로 구분된다. A식의 예로는 예안리 160호묘와 O호 출토품이 해당한다. B식의 예는 대성동 70호묘 출토품 2점, 구지로 4호묘 출토품 1점, 도항리 35호묘 출토 소문 양이부단경호 2점이 해당하는데, 귀의 윗면에 희미한 홈이 있다. A식은 모두 소문이고, B식은 대성동 70호묘 출토품 1점만 승석문이고, 나머지는 소문이다. 장방형인 귀는 승석문보다 소문 단경호에 예가 많다.

∩자형은 아래쪽 폭이 넓은 A식과 상하의 폭이 같은 B식으로 구분된다. A식의 예로는 대성동 52·68·70·71호묘, 구지로 6·9호묘, 예안리 160·92·90·55호묘 출토품이 해당한다. 승석문단경호는 대성동 59호묘 출토품 1점과 70호묘 출토품 2점 등 3점이고, 이외는 모두 소문이다. B형의 예로는 김해 구지로 1호묘 출토품 1점이 해당하며, 소문이다. ∧자형은 대성동 55·70·71호묘, 예안리 99·90호묘 출토품, 의령 예둔리 7호묘 출토품 등이 해당한다. 의령 예둔리 7호묘 출토품만 승석문이고, 이외는 소문이다.

삼각형은 귀의 윗면에 완만한 ∨자형 홈이 지고, 아랫면이 호선을 이루면서 길게 뻗은 형태로서 마치 새의 볏 모양과 유사하다. 이 삼각형 귀는 높이가 2cm 이상인 높은 것과 1.8cm 이하인 낮은 것으로 구분된다. 높은 예로는 김해 대성동 59·70호묘, 예안리 160호묘, 함안 도항리 35·2호묘(가)·33호묘(경)와 말산리 14호묘(경) 출토품이 해당한다. 소문과 승석문 모두 확인된다.

귀의 형태 양상을 보면, 김해지역은 귀의 형식이 매우 다양할 뿐만 아니라 출현 당초부터 복수의 형식이 병존하였다. 다양한 형식 중에서 단면 형태가 ∩자형인 귀가 가장 많이 소비되었고, 장방형 귀는 4세기 1/4분기에 집중한다. 김해지역에서 출토한 양이부단경호의 귀는 높이가 2.0cm 이상의 높은 것이 많고, 낮은 것은 수점에 불과하다. 소문과 승석문(승문)간에 귀의 형식과 높이에서 차이는 확인되지 않는다.

함안지역 출토 양이부단경호의 귀 형식은 장방형과 삼각형·∧자형이 있는데, 장방형과 ∧자형은 2~3점에 불과하고, 거의 대부분은 삼각형으로서 함안지역 양이부단경호의 일반적인 귀의 형태이다. 귀의 높이는 높은 것과 낮은 것 모두 확인되지만, 높은 것은 4세기 2/4분기에만 확인되고, 낮은 것은 4세기 후반에 집중한다.

　구연단 형태는 수평의 평면형(A), 사방향의 평면형(B), 쇄기형(C), 요철형(D)으로 구분된다. A형은 현재 김해 대성동 59호묘 1점뿐이다. B형은 대성동 70호묘 출토품 3점, 대성동 59·58·52호묘 출토품, 예안리 160호묘 출토품 2점, 도항리 35·2·49·33호묘 출토품, 예둔리 12호묘 출토품, 황사리 35·44·36호묘 출토품, 윤외리 지표 채집품, 우거리 요지 출토품 일부가 있다. 김해지역에서 출토한 B형 중 대성동 70호묘 출토품 3점은 승석문이고, 이외는 모두 소문이다. 김해지역에서 B형 구연단은 소문양이부단경호에 많이 확인된다. 함안지역 출토 B형은 구연단 직하의 내면에 홈이 있으며, 모두 승석문양이부단경호이다.

　C형은 경과 구연의 경계에 단면 삼각형의 1조 돌대가 있고, 이 돌대 위쪽의 기벽이 얇아지면서 구연단이 뾰족하게 마무리 되었다. C형의 예로는 대성동 70호묘 출토품 8점, 68·71호묘 출토품 각 2점, 예안리 90호묘 출토품 1점 등이다. 이 C형 구연단 형태는 김해지역에서만 확인되고, 함안지역의 양이부단경호에는 확인되지 않는다. D형의 예로는 김해 대성동 71·58호묘, 구지로 4·9호묘, 예안리 160·O호 옹관 출토품 등이 있다. 함안지역에는 우거리토기 요지에서 상당 수가 출토되었다. 이 D형은 함안지역의 승석문과 소문의 양이부단경호에 많다. 이 구연단 형태는 4세기 1/4분기에 김해지역에 등장하여 3/4분기까지 지속하지만 유행하지 않았고, 함안지역은 4세기 3/4분기에 등장한 이후 유행하였다.

　구연단 형태가 요철형인 예가 함안지역에 집중 분포하여 함안지역 양이부단경호의 특징이다. 그런데 김해지역에서 출토한 양이부단경호의 구연

도면 5. 김해·부산지역과 함안지역 출토 양이부단경호의 비교

4세기의 아라가야와 금관가야 193

단 형태가 요철형이라 하더라도 귀의 단면 형태가 ∩자형으로 김해지역에 유행하는 귀의 형태이므로 특정 지역의 생산품이라 할 수 없다. B형은 김해와 함안지역에 모두 출토되었지만, 김해지역 출토품은 귀의 형태가 장방형 또는 ∩자형이고, 함안지역 출토품은 장방형 또는 삼각형으로서 동일하지 않고 차이가 있다. 도항리 35호묘 출토 소문 양이부단경호의 귀는 모서리가 둔각인 장방형으로서 김해지역 출토 귀의 형태와 유사하다. 함안지역에서 집중 제작된 삼각형의 귀가 달린 양이부단경호가 김해지역에서도 출토되지만, 함안지역 출토품에는 거의 보이지 않는 구경 형태와 조합되는 등 차이가 있다.

승석문양이부단경호는 대성동고분군에 현재까지 7점 보고되었고, 양동리·예안리·화정 등의 고분군에는 1점도 보고되지 않았다.[2] 복천동고분군은 4세기 1/4분기부터 4/4분기에 이르기까지의 토기가 상당한 수량이 출토되었음에도 불구하고 승석문양이부단경호는 2~3점 정도 출토되었다. 김해·부산지역에서 승석문양이부단경호의 출토 예가 수 점에 불과한 것은 김해-부산지역 집단이 선호하지 않았음을 나타낸다. 소문 양이부단경호는 김해와 부산지역 대다수의 고분에서 출토되었고, 예안리 160호묘나 복천동 54호묘처럼 4~5점 복수 부장이 되는 등 김해-부산권역 집단이 꽤 선호하였음을 알 수 있다.

함안 도항리·말산리고분군, 황사리고분군, 윤외리고분군, 의령 예둔리고분군, 우거리와 묘사리토기요지군 등 4세기 함안권역의 매장 및 생산시설 모두에서 승석문양이부단경호가 출토되었다. 도항리-말산리고분군에서 조사된 4세기의 고분은 20여기 남짓한데, 출토한 승석문양이부단경호의 개체 수는 13점이고, 일부 고분에는 복수 부장되었다. 황사리·윤

---

2) 양동리고분군은 조사된 고분이 완전 보고되지 않았지만, 필자가 실견한 바에 의하면, 승석문양이부단경호는 5~6점 정도 있었고, 소문의 양이부단경호는 십 수점이 있었다.

외리·예둔리 등 주변부 고분군에서도 승석문양이부단경호가 부장되었고, 복수 부장된 사례도 있다. 생산유적인 우거리토기요지군에서 상당한 개체 수의 승석문양이부단경호가 출토되었다. 지금까지 출토된 개체수와 분포 밀도 등을 고려하면, 승석문양이부단경호는 김해-부산지역보다 함안지역에서 훨씬 많은 생산과 소비가 이루어졌음을 알 수 있다. 승석문양이부단경호가 김해-부산지역보다 많이 생산되었지만, 대부분은 자체 소비하였다.

4세기의 김해-부산지역과 함안지역의 집단은 선호한 단경호에 차이가 있었음을 알 수 있다. 이와 같은 김해-부산지역과 함안지역 양이부단경호의 차이는 비단 김해-부산지역 뿐만 아니라 다른 지역에서도 동일하거나 유사할 것으로 추정된다.

(2) 승석문단경호

영남지역의 승석문단경호에 대한 검토 결과에 의하면, 함안지역에서 출토된 승석문단경호와 유사한 개체가 4세기의 김해·부산지역은 물론 경주·칠곡·대구 등 광범위한 영남지역에서 출토되어 함안지역산이 반출되었거나 함안지역 승석문단경호의 영향을 받아 다른 영남지역에서 승석문단경호가 생산되었다고 한다. 부산 복천동고분군의 38·54호묘에도 수점의 함안산 승석문단경호가 부장되었다거나(이현주, 2001;정주희 2009) 김해지역의 고분군에도 수점의 함안산 승석문단경호가 부장되었다는 구체적인 사례가 제시되기도 하였다(하승철, 2010).

그런데 지금까지 제시된 견해는 승석문이고, 횡치하거나 횡치중첩해서 소성했다는 점을 주요 근거로 삼았고, 그 이외의 요소들에 대한 검토는 하지 않았다. 승문의 타날 순서와 방향, 횡치중첩소성도 승석문단경호의 특징을 이해할 수 있는 주요한 요소임은 틀림없지만, 이 요소가 과연 생산지

또는 지역성을 나타내는 유효한 속성인가에 대한 검토는 미비하였다. 이 속성들이 지역성을 나타내는 유효한 속성으로 인정되려면, 다른 속성들과 함께 검토가 이루어져야 한다. 즉 승석문단경호의 주요한 속성인 구연단 형태와 동과 구경 연결면 형태 등과 함께 검토하면, 승석문단경호의 보편적인 요소와 지역성을 나타내는 요소가 무엇인지 판단할 수 있을 뿐만 아니라 함안지역산 승석문단경호가 다른 영남지역으로 광범위하게 유통되었는지 여부에 대한 답을 줄 수 있을 것으로 기대된다. 이하에서는 승석문단경호의 구연단 형태를 분석 검토한다.

승석문(승문)단경호의 구연단 형태는 뾰족한 것(A)과 면을 이루는 것(B), 요철면인 것(C)으로 구분된다. A형은 구경에서 구연단으로 가면서 두께가 얇아져 끝이 뾰족하며, 구연단 외측 하면에 삼각형의 돌대가 형성되어 있다. 이에 해당하는 예는 김해 구지로 6호묘 2점, 34·33호묘와 예안리 138호묘 출토 각 1점, 부산 복천동 54호묘 출토품 6점 등이다. 이 중 김해 구지로와 예안리고분군 출토품은 승석문이고, 복천동 54호묘 출토품 6점은 모두 소문이다.

B형은 구연단이 사방향의 면을 이루는데, 요철면을 이루는 C형과 구분하기 어려운 개체도 있다. B형의 예로는 김해 대성동 71호묘 출토품, 구지로 34·30·14호묘 출토품, 예안리 108·109·117·118·26·93·148호묘 출토품, 복천동 54호묘 6점, 172호묘 출토품, 함안 도항리 35·33호묘 출토품, 황사리 36·26·32·44·43·41호묘 출토품 등이 있다. B형 구연단은 대성동·구지로·예안리분묘군 등 김해지역에서 19점 출토되었는데, 소문의 도질단경호에 이와 같은 구연단 형태가 상당 수 확인된다. 함안지역의 분묘에서도 이 B형의 구연단이 다수 확인되었는데, 현재 함안지역에서 가장 빠른 승석문단경호인 도항리 35·33·2호묘와 말산리 8호묘 출토품 모두 이 B형에 해당한다.

도면 6. 김해·부산지역과 함안지역 출토 소문 및 승석문단경호의 구경 비교

4세기의 아라가야와 금관가야 197

C형 구연단은 구연단 중앙부에 홈이 지고 양쪽 끝이 튀어나온 형태로서 김해 대성동 71호묘와 구지로 6호묘 출토품, 예안리 77·151·56·118·39·26·107·93·133·138호묘 출토품, 부산 복천동 54·164호묘 출토품이 해당한다. 함안지역에는 도항리·황사리·윤외리·우거리와 의령 예둔리 등의 출토품에 다수 확인된다. 이 C형 구연단은 김해-부산지역과 함안지역에서 승석문단경호의 보편적인 구연단인데, 특히 함안지역에서 유행하였다. 김해-부산지역에는 소문단경호와 소문양이부단경호에도 이 C형 구연단이 확인되어 승석문단경호만의 특징은 아니다.

승문단경호·승석문단경호·승석문양이부단경호가 함안산이거나 함안산 단경호를 모방해서 제작되었다는 주요한 근거의 하나로서 횡치소성을 들고 있다. 이 단경호들은 횡치소성 할 수밖에 없었던 점은 바닥이 둥글고, 기벽이 얇아 무게가 상대적으로 가벼워서 가마 바닥에 정치하였을 때, 대류압에 의해 넘어질 우려가 있어 횡치를 하였을 것으로 추정된다. 그리고 한번에 많은 수의 토기를 소성하기 위해 무게가 가벼운 호를 위에 놓았을 것이다. 승문이 있는 단경호를 횡치소성한 것은 함안지역만의 독특한 재임방식은 결코 아니고, 적어도 이 시기의 광범위한 지역에서 공통된 방식이었다. 만약 횡치소성과 출토량이 많다는 점만을 근거로 승석문단경호의 생산지를 함안지역으로 고정하는 것과 김해-부산지역에 정치 소성과 소문단경호·소문양이부단경호의 출토량이 다른 지역보다 훨씬 많으므로 소문 단경호와 소문양이부단경호의 생산지를 김해-부산지역으로 한정하고, 다른 지역 출토품들을 김해-부산산으로 한정하는 것과 다를 바 없다.

3) 소형 노형토기의 분석

4세기 김해-부산지역에서 출토한 노형토기는 좌우에 단면 원형 또는 장방형의 파수가 부착된 파수부노형토기와 파수가 부착되지 않는 노형토기가 소비되었다. 파수가 부착된 노형토기는 구연이 직립하거나 또는 약하게 외반하면서 배신고와 각고의 비율이 1:1 내외의 것과 구연이 거의 90°로 꺾여 외반하고, 단면 원형의 반원형 파수가 부착되었고, 배신이 깊어 단면이 반구형이고, 배신고와 대각고의 비율이 2:1 이상인 것으로 구분된다. 전자는 4세기 전기간에 걸쳐 김해-부산지역에서 유행한 대표적인 금관가야 양식 토기이지만, 후자는 3세기 4/4분기에서 4세기 1/4분기에 주로 소비되었다. 전·후자 모두 최대경이 50㎝ 이상으로 대형이고, 원저단경호를 담는 기대로 사용되었다.

파수가 부착되지 않는 노형토기는 대부분 최대경이 40㎝ 이하로 소형이다. 이 소형 노형토기는 3세기 후반의 소형 노형토기를 계승하면서도 구연 길이가 길어지고, 나팔모양으로 외반하는 특징이 있다. 4세기 1/4분기로 편년되는 대성동 55호묘에서 출토한 소형 노형토기는 낮은 대각과 배신 단면이 역C자형이고, 견부에 사격자 암문이 시문된 점 등은 앞 시기의 노형토기의 요소를 계승하였지만, 구연이 길게 뻗으면서 외반한 점은 새로운 요소이다. 2/4분기로 편년되는 복천동 56호묘에서 출토한 노형토기는 배신의 견부 꺾임이 약해지고, 구연이 더욱 심하게 외반하여 3세기의 소형 노형토기의 요소에서 상당히 탈피한 모습이다. 4세기 1/4분기까지의 소형 노형토기의 최대경은 배신 중위에 있었지만, 2/4분기에 이르면, 최대경이 구연에 위치한다. 3/4분기가 되면, 배신 깊이가 깊어지면서 반구형이고, 구연 외반도가 더욱 증가하고, 대각에 삼각형 투창이 배치되는 등 3세기의 노형토기 요소를 완전히 탈피하였다.

4세기 2/4분기로 편년되는 복천동 56호묘에서 구연이 나팔모양으로 외반하고, 깊이가 얕은 소형의 노형토기가 새로운 기종으로 등장한다. 이 소형 노형토기의 계통은 아직 명확하지 않지만, 4세기 1/4분기에 김해 대성동 29·62호묘, 예안리 160호묘, 부산 복천동 84호묘, 노포동 17호묘 등에서 출토한 반구형의 배신에 단면 원형의 반원형 파수가 부착된 기대 또는 4세기 1/4분기까지 지속한 소형 노형토기에서 파생되었을 것으로 추정된다. 이 소형 노형토기는 4세기 3/4분기에 수가 증가하고, 4/4분기에 더욱 많아지다가 5세기 초가 되면 사라진다.

함안지역의 고분에도 소형의 노형토기가 부장된다. 함안지역에서 출토한 소형 노형토기는 최대경이 몸통에 위치하고 견부가 강조된 것(A), 몸통이 호형이고 구연이 짧은 것(B), 최대경이 구연에 위치하고 구연이 길게 외반하는 것(C) 등 3자가 존재한다. A형은 도항리 2・35(가)・33(경)・도항리 50・10호 봉토 출토품, 예둔리 26・48호묘 출토품, 윤외리 채집품 등이 있다. 이 A형의 소형 노형토기는 대각이 삼각형으로 뻗고, 삼각형의 투창이 1단 배열되었다. 출토 수량이 적어 구체적인 변천 모습은 기술하기 어렵지만, 규모가 큰 것에서 점차 작아지는 방향으로 변천하는 것으로 볼 수 있다. B형은 말산리 8・예둔리 34・8・도항리 42(가)・황사리 32호묘에서 출토되었다.

김해-부산지역의 4세기의 토기 소성 및 사용 방식에서 다른 지역과 가장 뚜렷한 차이는 기대이다. 3세기까지의 노형토기는 원저단경호와 세트된 사례가 없었고, 4세기에 진입하면서 노형토기의 규모가 커지고, 파수가 대칭적으로 부착하는 변화와 함께 원저단경호가 노형토기 안에 놓인 상태로 분묘에 매납되었다. 이와 함께 원저단경호의 바닥과 노형토기의 바닥 내면 중앙부가 다른 물체와 중첩되어 소성 시 열을 적게 받은 흔적이 남아 있다. 노형토기와 원저단경호의 바닥에 소성흔적이 남아 있는 점은 노형토기 안에 원저단경호를 넣은 상태로 소성하였음을 나타낸다. 4세기초부터 김해-부산지역의 노형토기는 소성 시부터 원저단경호를 놓은 기대로서의 기능을 하였다. 즉 3세기의 노형토기는 그 자체로서 물품을 담는 용기의 기능을 하였으나 4세기에 진입하면서 원저단경호를 받치는 기대로서의 기능이 바뀌었다. 이 노형기대는 4세기 말까지 지속된다. 이 파수부 노형기대에 놓이는 호는 주로 소문의 양이부원저단경호이다.

노형토기가 원저단경호를 놓는 기대의 기능을 하면서 금관가야권역에서 원저단경호 정치소성이 가능하였다. 안에 놓이는 원저단경호의 크기에 맞는 노형토기가 필요하자 3세기에 생산된 노형토기보다 큰 노형토기가 생산되었다. 노형토기가 원저단경호를 놓는 기대로 되면서 이동의 원활함을 높이기 위해 손잡이를 부착하게 되었다. 기능의 변화가 이루어지면서 새로운 요소가 부가되고, 규모도 커지게 되었음을 알 수 있다. 이 노형토기와 조합하여 소성한 원저단경호는 주로 소문호 또는 소문의 양이부단경호이다. 소문 단경호의 저부가 소성 상태가 좋지 않은 현상도 노형토기 안에 정치시켜 소성하였기 때문이다.

그러나 승문타날 원저단경호는 동체가 찌그러진 예가 많고, 일부는 다른 개체의 승문타날 단경호 편이 부착된 점 등을 볼 때, 횡치소성 하였다. 횡치소성에 의해 서로 맞닿는 부위가 압을 받아 함몰되었다. 이 함몰 현상은 주로 횡치소성한 승문타날단경호에만 나타나는데, 압을 이기지 못하여 함몰된 것은 횡치만이 작용한 것이 아니라 다른 기형의 단경호보다 기벽이 얇기 때문에 약한 압에도 함몰이 쉽게 나타난다.

복천동 54호묘에서 소형의 노형토기가 10여점 출토되었는데, 내부에 소형의 소문 원저단경호가 놓여 있었다. 이 소형 노형토기는 도질의 소형 소문 원저단경호를 담는 기대임을 나타낸다. 김해-부산지역의 4세기의 기대는 대형의 소문 양이부단경호를 담는 대형의 파수부노형기대와 소형의 소문 원저단경호를 담는 소형의 노형기대로 분화되었음을 알 수 있다. 4세기 3/4분기에 이르면, 노형기대 외에 통형기대가 새로운 기종으로 등장하면서 정제된 소문의 원저단경호와 세트관계를 보인다. 결국 4세기의 김해-부산지역의 분묘에는 3종의 기대가 존재하였음을 알 수 있다.

원저단경호를 기대에 담는 김해-부산지역에는 4세기 말에 노형기대를 대신해 발형기대가 새로운 기종으로 등장하고, 5세기에 들어오면, 발형기대의 수가 폭발적으로 증가한다. 김해-부산지역에서 발형기대가 가장 먼저 등장한 후 그 수가 급격하게 증가한 배경은 이미 4세기에 노형토기 안에 원저단경호를 담는 전통이 존재했기 때문이다. 이 김해-부산지역의 기대문화는 이후 전 영남지역으로 확산되면서 발형기대 안에 원저단경호를 담은 상태에서 소성하는 신라·가야토기 문화의 공통 요소가 되었다.

함안 도항리 33(경)·35호묘에서 출토한 A형의 노형토기는 개신 외면에 문양이 장식된 뚜껑이 세트된 상태로 출토되었다. 현재 함안지역에서 가장 빠른 소형 노형토기인 도항리 35·2(가)·33호묘(경)에서 출토한 것은 배신의 깊이가 9.0~14.0㎝ 이하로 얕고, 목경과 배신 최대경의 차이가 심하다. 뚜껑이 덮이고, 배신 깊이가 얕고, 목경이 좁은 점 등을 고려할 때, 배신에 호를 넣지 않았을 것으로 추정된다. B형도 목경이 좁아 단경호를 넣기 어려운 형태이고, C형도 배신 깊이가 아주 얕아서 단경호를 놓기에는 부적당하다. 그리고 실재 노형토기 안에 단경호가 놓인 채 출토된 사례가 확인되지 않는 점을 보면, 함안지역에서 노형토기는 호를 담는 기대로서의 기능을 하지 않고, 노형토기 그 자체로서 물품을 담는 기능을 하였음을 알 수 있다.

김해-부산지역과 함안지역에서 출토한 소형 노형토기의 형식과 크기가 다를 뿐만 아니라 사용방식도 달랐다. 김해-부산지역의 노형토기는 배신 내부에 호를 놓기 위해 배심이 깊고 바닥이 둥글며 넓을 뿐만 아니라 목경이 넓은 특징을 보인다. 이러한 특징들은 노형토기 내부에 단경호를 놓기 위해 제작되었음을 보여준다. 실제 노형토기 바닥 내면에 열이 제대로 전달되지 않은 흔적이 남아있을 뿐만 아니라 단경호가 놓인 상태로서 부장된

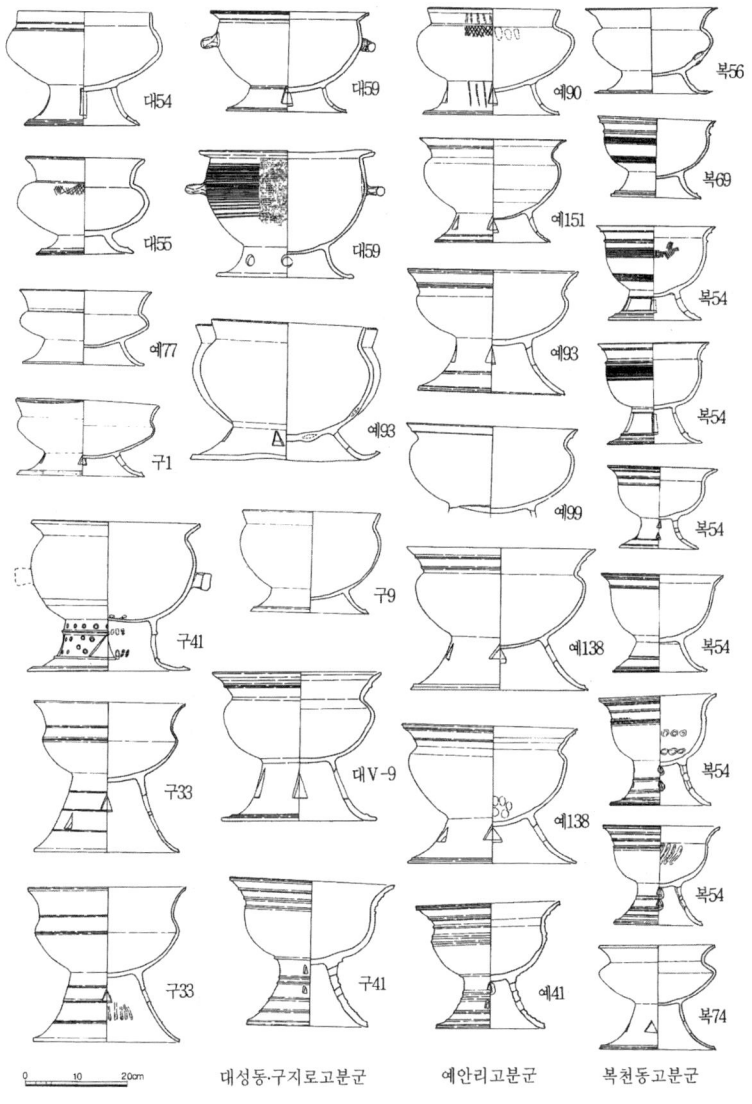

도면 7. 김해-부산지역 출토 소형 노형기대

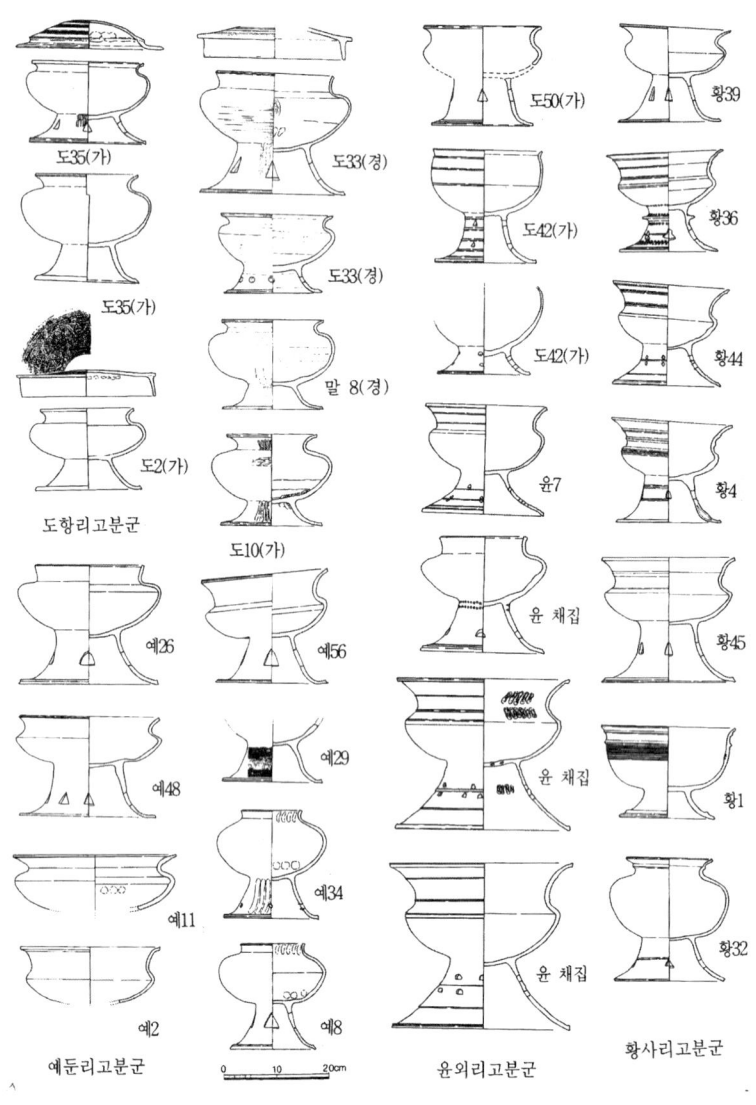

도면 8. 함안-의령지역 출토 소형 노형토기

모습을 확인할 수 있다. 따라서 김해-부산지역의 소형 노형토기는 제작 당초부터 단경호를 담는 기대임을 인식하였음을 알 수 있다.

이에 반해 함안지역의 소형 노형토기는 배신에 단경호를 담기 어려운 구조이고, 실제 사용 장면에서도 단경호를 담은 예가 확인되지 않았다. 이는 제작 당초부터 노형토기는 그 자체로서의 기능을 하였다. 따라서 김해-부산지역과 함안지역의 집단은 노형토기에 대한 인식이 달랐음을 알 수 있고, 노형토기를 단경호를 담는 기대로서 인식하고 사용한 김해-부산지역 집단들이 토기를 효율적으로 활용하였음을 추정할 수 있다.

IV. 김해-부산, 함안지역의 물질자료의 변화 추이

1. 도질토기 생산과 소비

4세기 전반에 김해-부산지역보다 함안지역의 토기 기종 구성이 다양하고 세분되었고, 보다 높은 수준의 도제술을 보유하고 있어 영남 각지에 함안양식의 토기가 광범위한 유통망을 가지고 확산되었다는 견해가 제시되기도 했다(이현주, 2001). 이 견해는 동 시기성의 범주와 특정 유구간의 비교를 하지 않은 채 다소 막연하게 함안지역이 김해지역보다 토기 제작기술과 문화가 우수하였고, 상품성이 높아 영남 각지로 유통되었다는 주장이다. 4세기에 함안지역이 김해지역보다 도제술이 선진적이고, 새로운 기종의 창출지인지, 함안산 토기의 상품성이 어떻게 우수한지 구체적인 근거는 제시하지 않았다.

4세기 1/4분기의 목곽묘인 김해 대성동 52호묘의 토기 기종은 삼뉴부옹·소문양이부단경호·양뉴부단경호·격자타날단경호·삼이부호·노형토기 등이고, 59호묘에는 소문단경호・소문양이부단경호・격자타날단경호・승석문양이부단경호・노형토기・파수부노형기대 등이 있다. 52호묘의 묘광 규모는 잔존 길이 349㎝, 너비 260㎝이고, 59호묘는 묘광의 잔존 길이 355㎝, 너비 204㎝로서 대성동분묘군에는 소형에 해당한다. 이 2기는 규모가 소형임에도 불구하고 6종의 기종과 22・15점에 이르는 토기가 출토되었다.

함안 도항리 35호묘에서 출토한 토기로는 소문양이부단경호・삼뉴부옹・승석문단경호・승석문양이부단경호・소형 노형토기・뚜껑 등 6종이고, 9점 출토되었다. 도항리 33호묘에는 소문양이부단경호・소문단경호・승석문단경호・승석문양이부단경호・소형 노형토기・뚜껑 등 6종 10점 출토되었다. 도항리 33호묘의 묘광 규모는 길이 448㎝, 너비 223㎝이고, 35호묘의 묘광 규모는 길이 410㎝, 너비 235㎝이다. 묘의 규모에서 앞서 사례로 든 대성동 52・59호묘와 비교할 때, 적지 않고 오히려 더 크다. 그런데 기종 수는 거의 같지만, 출토량은 김해의 그것에 절반밖에 되지 않는다. 함안지역의 제도술이 선진적이었다면, 대량 생산되어 복수 부장되었을 터인데, 실상은 그렇지 않다.

도질 양이부단경호는 3세기 4/4분기에 처음 김해지역에 등장하였는데, 그 조형은 와질의 양이부단경호에 구해진다. 3세기 말에 도질제로 번안된 후, 4세기 1/4분기에 이르면, 양동리・예안리고분군과 낙동강 동안인 부산 복천동고분군에도 소비되었다. 이 시기에 이르면, 한 유구에 3~4점 복수 부장이 이루어지는 등 도질 양이부단경호의 생산과 소비가 증가되었다. 양이의 형태는 장방형・∩자형・삼각형 등 다양하다. 이 시기에 대성동고분군에 처음으로 승문타날 후 횡침선을 돌린 승석문양이부단경호가 소비되었다. 대성동 59호묘 출토 승석문양이부단경호는 구경이 내경하고, 견부가 강조되어 동체가 역삼각형인데, 가장 빠른 형식의 승석문양이

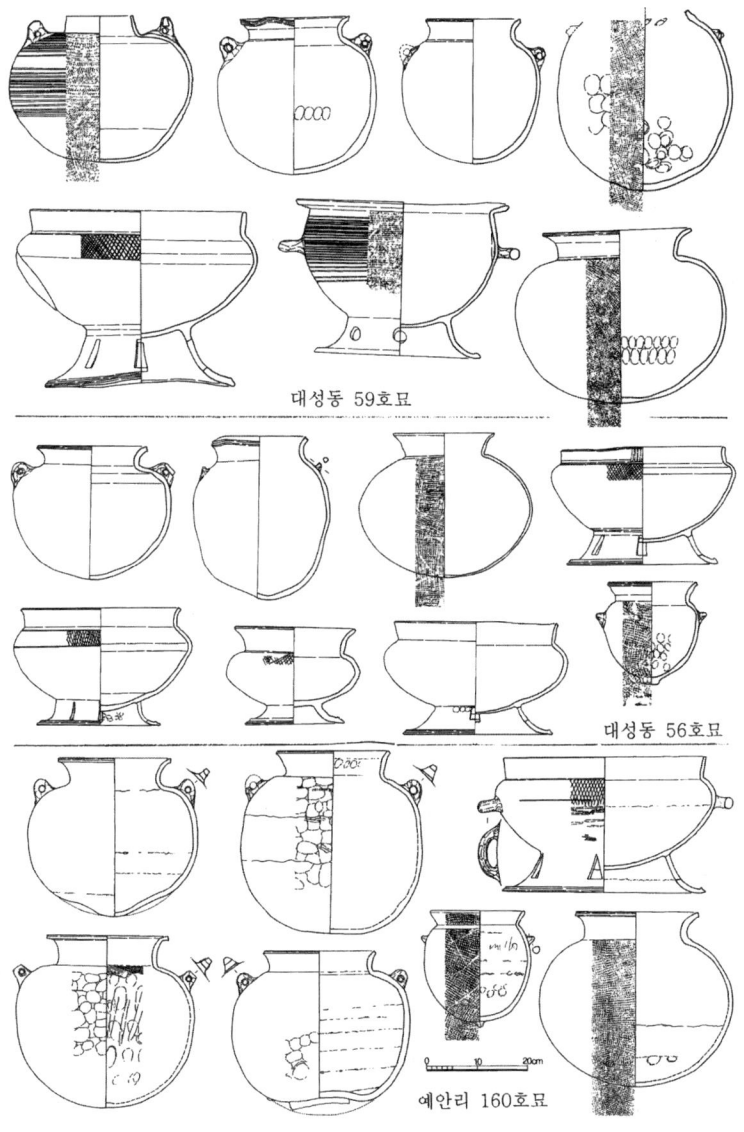

도면 9. 김해지역의 4세기 1/4분기 토기

부단경호이다.

4세기 2/4분기에 들어오면, 승문타날 후, 횡침선을 돌린 승석문단경호가 생산 소비되었는데, 대성동 58·91호묘, 복천동 38호묘 출토품이 이에 해당한다. 컵형토기는 분묘에 소비되지 않았고, 소형 노형토기와 뚜껑이 이 시기의 분묘에 소비되기 시작한다. 이 시기에 이르러 함안지역의 분묘에 소문 양이부단경호와 승석문양이부단경호, 승문단경호 등이 소비되었다.

김해지역은 소문양이부단경호 → 소문양이부단경호·승석문양이부단경호 → 소문양이부단경호·승석문양이부단경호·승석문단경호·승문단경호라는 발생 서열 및 전개양상을 나타내며, 4세기 2/4분기에 비로서 소문양이부단경호·승석문양이부단경호·승석문단경호·승문단경호·소문단경호라는 도질 단경호의 조성이 완성되었다.

함안지역에서 현재 가장 빠른 양이부단경호의 예로는 도항리 35·2(가)·33(경)호묘 출토품이다. 33·35호묘에는 승석문양이부단경호·승석문단경호·소문양이부단경호 등 3자가 공반되었고, 2·33·35호묘에는 승석문양이부단경호가 2점씩 복수 부장되었다. 함안지역에는 등장 당초부터 도질제 단경호의 3자가 동시에 소비되었는데, 순차적으로 생산 소비한 김해-부산지역과 양상이 확연하게 다르다. 함안지역에 3자가 동시에 소비된 점은 앞 시기에 이미 생산의 순차적 과정을 거쳤거나 아니면 이 3자가 이미 생산 소비된 지역으로부터 영향을 받아 생산하였을 것으로 추정된다. 함안지역에서 상기의 3기보다 시기적으로 빠른 예가 확인되지 않기 때문에 순차적 생산과정의 가능성은 현재로선 매우 낮고, 후자의 가능성이 있다. 즉 도질토기 3자가 갖추어진 김해지역 도질토기의 영향 또는 정보를 입수하여 함안지역에서 생산 소비하였을 것으로 추정된다.

기왕의 연구에서는 함안지역에서 먼저 생산 소비된 승석문양이부단경호와 승석문단경호가 주변지역으로 유통 소비되고, 영향을 받아 주변지역

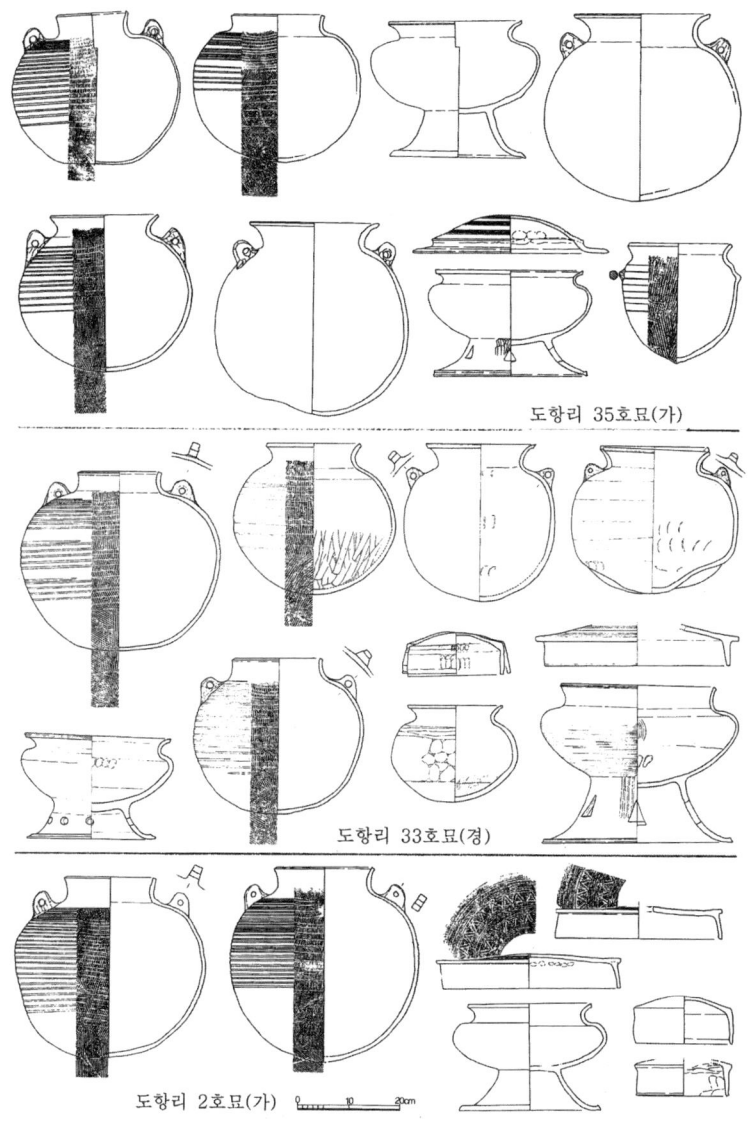

도면 10. 함안지역의 4세기 2/4분기 토기

에서 생산되었을 것으로 추정하여 왔으나 김해-부산지역과 함안지역에서의 3자의 등장 과정 및 시기 검토 결과, 함안지역에서 승석문양이부단경호 · 승석문단경호 · 소문양이부단경호는 김해-부산지역의 영향을 받아 생산하였고, 김해-부산지역보다 생산 시기가 늦음이 확인되었다.

함안지역의 분묘에는 등장 당초에 승석문양이부단경호와 소문양이부단경호의 소비 비율이 같았으나 4세기 3/4분기가 되면, 승석문양이부단경호는 복수 부장이 지속되지만, 소문 양이부단경호는 거의 부장되지 않는다. 뿐만 아니라 승석문양이부단경호와 승석문과 승문단경호는 황사리 · 윤외리 · 예둔리 등 주변지역으로 확산 소비되고 동시에 복수 부장이 이루어지는 등 상당히 선호한 기종이었다. 김해-부산지역 집단은 소문 양이부단경호를 선호하였다.

4세기 3/4분기에 이르면, 김해-부산지역은 승석문단경호의 소비량이 증가하고, 앞 시기에 생산된 소형 노형기대의 소비가 늘어났고, 외절구연고배와 직립구연고배가 대성동고분군은 물론 김해-부산지역의 대다수 고분군에 소비되었다. 함안지역은 승석문양이부단경호와 승석문단경호 · 승문단경호가 다량 소비되고, 소문의 양이부단경호는 소비량이 여전히 적었고, 통형고배와 컵형토기가 생산 · 소비되었다.

김해-부산지역 집단과 함안지역 집단은 공통된 기종의 토기를 생산 소비하였지만, 선호한 기종과 표현방식이 달랐다. 김해-부산지역은 소문의 양이부단경호 · 소문단경호 · 파수부노형기대 · 격자타날단경호 · 외절구연고배 등이 주요 기종이었다. 함안지역은 승석문단경호 · 승석문양이부단경호 · 통형고배 · 컵형토기 · 뚜껑 · 소형 노형토기 등이 주요 기종이었다. 주요 기종의 선호도 차이는 생활 내용과 분묘 제사에도 차이가 있었을 것으로 추정된다.

김해-부산지역은 4세기 1/4분기에 구경 50cm, 기고 30cm 이상의 대형 노형토기를 다량 소비하였고, 4세기 3/4분기부터는 통형기대를 생산하고, 4/4분기에 이르면 기고 60㎝ 이상의 대형 통형기대를 생산하였다. 뿐만 아니라 대부직구호·광구소호·소형기대 등의 도질토기를 생산 소비하였다. 같은 시기 함안지역의 분묘에 부장된 토기의 기종 조성과 비교할 때, 김해-부산지역의 도질토기 기종이 다양하고, 대형 토기의 소비량도 많다.

뿐만 아니라 김해-부산지역과 함안지역의 고분에 부장된 토기의 수량을 비교하면, 더욱 차이를 확인할 수 있다. 김해-부산지역의 대형묘 예를 들면, 대성동 29호묘는 도굴의 피해를 받아 부장 원상이 훼손되었음에도 불구하고 연질옹 3점, 소문단경호 7점, 와질단경호 39점, 노형토기 6점, 시루 1점 등 모두 56점의 토기가 부장되었다. 중형묘인 예안리 160호묘는 옹 3점, 양이부단경호 4점, 소문단경호 3점, 와질단경호 6점, 노형기대 2점, 대부직구호 1점 등 모두 19점의 토기가 부장되었다. 복천동 84호묘는 연질옹 5점, 원저단경호 18점, 노형토기 1점, 대호 3점 등 모두 27점의 토기가 부장되었다. 함안지역의 고분에 부장된 토기의 기종에 비해 김해-부산지역이 훨씬 다양할 뿐만 아니라 노형기대와 같은 대형품이 존재하는 등 차이가 명확하다. 1기의 분묘에 소비한 수량에서도 김해지역 대형묘의 1/5, 중형묘의 1/3에 지나지 않는다.

일반적으로 생산과 소비는 비례관계를 형성한다. 생산이 많으면, 소비도 많아지는 것이 일반적 경제 논리이다. 함안 우거리·묘사리 등의 생산시설에서 폐기된 토기량이 많다면, 당연 소비된 수량도 많아야 된다. 같은 시기 함안지역의 분묘에 10점이 소비되었고, 김해-부산지역의 분묘에 50점이 소비되었다면, 어느 지역의 생산량이 많았는지 분명하다. 따라서 우거리 토기가마의 출토량이 많다고 함안지역의 토기 생산량이 김해-부산지역의 토기 생산량보다 훨씬 능가한다는 주장은 일면만 보고 양면을 헤아리지 않는 바와 같다. 폐기장에서의 출토량이 많은 것은 실패품이 그만큼 많다는 사실을 알려주는데, 실패율이 높다는 것은 그만큼 제도술이 향상되지 않았음을 나타낸다.

2. 사회 발전 추이

함안지역 출토 토기의 편년에서 가장 특징적인 점은 영남지역에서 승문타날단경호 · 승문타날 후 횡침선을 돌린 승석문양이부단경호, 뚜껑 · 유개대부호 등 도질토기 기종의 초현지를 함안지역으로 설정하고, 그것이 다른 영남지역으로 유통 확산되었다는 것이다. 그런데 왜 함안지역에서 새로운 도질토기 기종이 등장하고 다른 지역으로 확산되는가에 대한 객관적인 설명이 제시되지는 않았다. 4세기의 함안지역 유적에서 외래계 유물은 물론 마구 · 갑주 등 당시의 첨단 소재와 기술의 산물이 전혀 확인되지 않는 정체된 사회에서 오로지 도질토기의 신기종 창안과 파급을 주도하였다는 주장은 쉽게 납득되지 않는다. 함안지역의 집단이 도질토기의 신기종 창안과 보급을 할 수 있었던 사회동력은 현재의 조사 내용과 성과로서는 설명이 불가능하다.

철제 투구 · 판갑 · 찰갑 등의 갑주류는 물론 재갈 · 행엽 · 등자 · 안교 등 함안지역에는 5세기 전반 이후에야 부장되는 물품이 김해-부산지역에는 이미 4세기 2/4분기부터 부분적으로 부장되었다.[3] 뿐만 아니라 3세기 후반부터 진한과 마한은 물론 낙랑, 중국동북지역, 일본열도 등과 다양한 관계망을 형성하여 동적인 사회망이 구축된 배경 하에서 파수부노형기대와 외절구연고배 등 김해-부산지역만의 특징적인 토기양식을 생산하고,

---

3) 4세기 2/4분기로 편년되는 복천동 38호묘에는 투구·판갑·찰갑 등의 갑주와 재갈이 부장되었고, 대성동 91호묘에는 재갈이 복수 부장되었고, 선비계 마구 장식품도 부장되었다.

소비 분포역을 형성하였다. 김해-부산지역의 집단이 다양한 집단과의 관계망을 구축하지 않았다면, 선진 제품의 입수와 생산은 물론 독자적인 토기양식을 생성할 수 없고, 당시 영남지역의 보편적인 생활 및 생산 수준에 머물렀을 것이다.

 외래계 유물의 출토량이 많다고 해서 그 사회가 선진적이고, 발전되었다는 등식은 절대적으로 성립하지 않지만, 외래계 유물이 출토되지 않는 지역보다 사회가 개방되었고, 외부 문화의 접촉이 빈번하여 그만큼 새로운 문화가 만들어질 개연성이 높다. 즉 외부 사회와 잦은 접촉을 가짐으로서 다양한 정보들을 획득할 수 있기 때문에 사회변화가 빨리 이루어질 수 있는 기회가 많아진다. 실제 당시 대외 교류의 거점이었던 김해지역에는 어떤 다른 지역보다 선진문화가 수용되고, 전개되면서 사회 계급의 경계가 뚜렷하게 나타났다. 예를 들면, 다른 지역보다 토기의 기종이 풍부하고, 기형 분화가 다양하게 나타났을 뿐만 아니라 대형묘에 100여점의 토기를 매납하였다. 4세기 2/4분기부터 철제 갑옷과 투구·찰갑 등의 무구류와 재갈·행엽·등자·안교 등의 마구류가 부장되었다. 함안지역과 비교하면, 김해-부산지역에 갑주와 마구의 등장은 반세기 이상 앞선다.

 이러한 선진문물의 수용과 자기화는 이 지역에 거주하는 집단의 위계를 더욱 분화시키고, 공고하게 만들었다. 대성동 29호묘로 상징되는 목곽묘의 대형화와는 4세기 초에 들어오면 더욱 심화되고, 2/4분기에는 별도의 부곽을 갖춘 초대형묘가 대성동고분군과 복천동고분군에 등장한다. 이전 시기에 중심 고분군이었던 김해 양동리고분군에도 이혈 주부곽식 목곽묘가 존재하지만, 일반적이지 않고, 수기에 불과할 만큼 예외적이고, 규모도 대성동고분군과 복천동고분군보다 적고, 부장품의 수량도 적다. 김해 예안리고분군과 부산 내성고분군에서처럼 주변의 고분군에는 동일 묘광 안에 바닥의 높낮이를 두어 주곽과 부곽을 구분하였거나 부곽이 없는 단독묘를 조영하였고, 부장품의 질과 양에서도 현격한 차이가 있었다.

김해-부산지역 내에서 묘의 규모와 부장품의 질과 양에서의 차이가 많이 나타나지만, 김해-부산지역과 함안권역의 분묘 규모와 부장품의 질과 양을 비교하면, 훨씬 차등이 심하다.

지금까지 함안지역에서 조사된 4세기 고분의 최대 규모는 김해-부산지역에서 중형 그룹-묘광 길이가 4m 이하-과 거의 같고, 부장품의 수량과 내용에서는 김해-부산지역의 중형묘보다 빈약하다. 유물의 질과 양에 있어서도 탁월한 고분 또는 고분군이 확인되지 않는다. 갑옷과 투구, 찰갑은 전혀 부장되지 않았고, 마구도 전혀 부장되지 않았다. 분기마다 분묘 규모와 내용, 부장품의 질과 양에서 뚜렷한 차이, 변화가 나타나지 않는다. 김해-부산지역과 비교했을 때, 변화가 거의 나타나지 않는 정적인 모습이다. 그만큼 사회변화가 빠르게 진행되지 않았음을 나타낸다. 김해-부산지역과 경주권역을 제외한 여타의 영남 제지역과 양상이 유사하다. 따라서 4세기의 함안지역에 기반을 둔 정치체가 김해-부산지역 정치체의 발전방향과 내용이 같은 건 결코 아니었다.

4세기의 아라가야는 외부와의 관계망이 제대로 구축되지 않았고, 외부세계와의 접촉이 빈번하지 않은 차단된 세계에 머물렀지만, 금관가야는 북방·낙랑·마한(백제)·진한(신라)·왜 등 동북아시아의 각지와 밀접한 관계망을 구축한 개방된 세계였다. 금관가야 최고지배층이 향유하는 문화 요소와 형태를 아라가야 최고지배층이 금관가야 지배 집단과의 접촉에 의해 어느 정도 인지하고 있었겠지만, 이 새로운 문화를 수용하거나 동시에 모방할 만큼의 문화 수용능력이 부족하였고, 첨단 기술을 수용하거나 개발할 수 있는 기술의 부재가 가져온 결과였을 것이다. 이와 같은 사회 조건에서 함안지역에서 새로운 도질 토기의 모델 변안 및 제작기술의 창출과 광범위한 지역으로의 유통을 달성하기는 어려웠을 것이다.

3. 김해-부산지역과 함안지역의 교류

생활 내용과 분묘 제사의 차이에도 불구하고 김해-부산지역과 함안지역의 집단간에 교류가 있었음을 보여주는 자료가 김해와 부산지역의 고분에 표현되어 있다. 김해 대성동 Ⅴ지구 24호묘, 2호묘, 부산 복천동 57·74·54·70·71·73호묘에서 함안계 토기가 출토되었다. 토기의 기종은 통형고배가 대부분이고, 이외에 유개고배·소형기대·파수부잔 등 소형 토기가 대부분이고, 기종 조성도 단순하다. 명확하지 않지만, 귀의 단면 형태가 삼각형인 승석문양이부단경호도 일부 함안지역에서 반입된 것으로 추정된다. 4세기 함안지역의 특징적 기종인 구연 길이가 짧은 소형 노형토기·컵형토기·유문개 등은 확인되지 않았다.

금관가야권역에서 함안 양식계 토기가 출토한 고분은 김해 대성동-구지로고분군과 부산 복천동고분군으로서 이 양 고분군은 김해와 부산지역의 중심고분군이다. 주변부의 중소 고분군에서는 현재까지 함안 양식계 토기가 보고 되지 않았다. 중소 고분군에 함안 양식계 토기가 보고되지 않은 점은 중소 고분군에 함안 양식계 토기가 부장되지 않았음을 말함과 동시에 함안지역과의 교류 파트너가 금관가야 최고지배집단이었음을 나타낸다. 그런데 함안지역에는 김해-부산지역계 유물의 출토가 거의 확인되지 않는다. 지금까지 함안지역에서 출토한 김해-부산지역계 자료로는 황사리 1호묘 출토 소형 노형토기와 오곡리 87번지 유적 건물지 22호 출토 외절구연고배와 윤외리고분군에서 채집된 토제의 유사 통형토제품뿐이다. 중심 고분군인 도항리·말산리고분군에서는 김해-부산지역계 자료가 출토되지 않아 김해-부산지역과의 교류 주체가 어느 집단인지 불확실하다.

복천동 57·74·54·70·71·73호묘에서 함안 양식계 토기가 출토되었다. 복천동고분군에서 출토한 함안 양식계 토기는 형태와 소성 등에서 복천동고분군에서 보편적으로 출토하는 현지의 토기와 현저하게 다르므로 부산지역에서 생산하였다기보다 함안권역에서 생산되어 복천동고분군 조영집단으로 반입된 것으로 볼 수 있다. 복천동고분군에 함안 양식계 토기가 출토한 가장 빠른 고분은 57호묘이다. 57호묘는 부곽을 갖춘 이혈주부곽식 대형 목곽묘로서 금관가야 양식 토기인 외절구연고배·삼각투창고배·파수부노형기대·통형기대 등과 함께 10여점의 함안 양식계와 하지키계 토기가 출토되었다.

　김해-부산지역에서 출토한 함안 양식계 토기자료에 비해 함안지역에서 출토한 김해-부산계 토기자료는 수 점에 불과하다. 4세기 2/4분기에 함안지역에서 등장한 소문과 승석문양이부단경호의 생산에 김해지역의 양이부단경호의 영향을 받았을 가능성은 있지만, 김해-부산지역에서 반출한 토기로는 황사리 1호묘 출토 소형 노형토기와 오곡리 87번지 유적 건물지 22호 출토 외절구연고배 등 아주 소량이다.

　금관가야 지배층의 일부 고분에 함안 양식계 토기가 부장된 점은 금관가야 지배층과 아라가야 지배층과의 관계가 맺어져 있었음을 나타낸다. 금관가야 최고 지배집단이 조영한 김해 대성동과 부산 복천동고분군에 함안 양식계 토기가 부장되어 있어 함안지역 집단과의 관계에 금관가야 최고 지배집단이 관여하고 있었음을 유추할 수 있다. 그러나 함안지역에 금관가야계 유물이 별로 확인되지 않아 금관가야 집단과 관계를 맺은 함안지역 집단의 실체를 알 수 없는 한계가 있다. 다만 4세기 전반 이후부터 아라가야 최고 지배집단의 묘역임이 분명한 도항리고분군에 함안지역에서 가장 빠른 도질의 소문·승석문양이부단경호와 승석문단경호가 확인되었고,[4] 이

---

4) 5세기 이후부터 함안 도항리고분군은 아라가야 최고지배층의 묘역임은 분명한데, 그 이전 시

3자는 김해지역 토기의 영향에 의해 생산된 점에서 보면, 금관가야 지배집단과의 관계를 맺은 아라가야 집단 역시 아라가야 최고 지배집단이었음을 어느 정도 유추할 수 있다.

V. 맺음말

지금까지 4세기를 중심으로 김해-부산지역과 함안지역의 고분과 출토품의 구성을 통해 양 지역의 차이를 검토해 보았다. 검토 결과 김해-부산지역과 함안지역은 여러 가지 면에서 현저한 차이가 있었는데, 특히 갑주와 마구, 외래물품 등의 부장은 김해-부산지역과 비교 자체가 되지 않았다. 그리고 승석문양이부단경호와 승석문단경호의 분석 결과, 함안지역에서 승석문양이부단경호·승석문단경호가 먼저 생산되었고, 광범위한 지역에 유통되었거나 영향을 주었다는 견해의 문제점이 다수 확인되었다. 분석 결과, 김해지역에서 생산된 도질토기의 모델과 제도술이 함안지역에 영향을 주어 함안지역에서 생산되었음을 확인할 수 있었다.

기인 4세기에도 아라가야 최고지배층의 묘역임을 나타내는 적극적인 자료는 없지만, 목관묘부터 지속적으로 분묘가 조영되기 때문에 4세기에도 이 도항리 일대가 아라가야 최고지배층의 묘역이었을 가능성이 있다. 김해 대성동고분군, 부산 복천동고분군 등과 같이 금관가야의 최고지배층의 존재를 알려주거나 또는 분묘의 위계가 이루어지지 않는 당시의 사회 모습을 나타내는 것으로 볼 수 있다.

〈참고문헌〉

金正完, 2000,「咸安圈域 陶質土器의 編年과 分包 變化」『伽耶考古學論叢』3(駕洛國史蹟開發研究院).

朴升圭, 2000,「4~5세기 加耶土器의 變動과 系統에 관한 硏究」『인문연구논집』4(동의대학교 인문과학연구소).

禹枝南, 2000,「咸安地域 出土 陶質土器」『道項里·末山里遺蹟』(慶南考古學研究所).

朴天秀, 2000,「考古學으로 본 加羅國史」『가야 각국사의 재구성』혜안

이현주, 2001,「IV. 考察」『東萊福泉洞古墳群-52·54號』福泉博物館.

이성주, 2002,「伽耶土器 生産·分配體系」『가야 고고학의 새로운 조명』(부산대학교 한국민족문화연구소 편).

趙榮濟, 2003,「加耶土器의 地域色과 政治體」『가야고고학의 새로운 조명』부산대학교 한국민족문화연구소 편.

朴天秀, 2003,「지역간 병행관계로 본 가야고분의 편년」『가야고고학의 새로운 조명』(부산대학교 한국민족문화연구소 편).

이성주, 2004,「〈考古資料를 통해 본 安羅國(阿羅加耶)의 성립에 대한 연구〉에 대한 토론 요지」『安羅國史의 새로운 理解』

이정근, 2006,「咸安地域 古式陶質土器의 生産과 流通」嶺南大學校 大學院 碩士學位 논문

申敬澈, 2006,「陶質土器와 初期須惠器」『韓日 古墳時代의 年代觀』國立歷史民俗博物館·釜山大學校 博物館.

金斗喆, 2006,「三國·古墳時代의 年代觀」『韓日 古墳時代의 年代觀』國立歷史民俗博物館·釜山大學校 博物館.

하승철, 2008,「진주 안간리 출토 고식도질토기에 대한 일고찰」『晉州 安間里遺蹟』慶南發展研究院歷史文化센터

정주희, 2009,「咸安樣式 古式陶質土器의 分布定型과 意味」『한국고고학보』73, 한국고고학회.

홍보식, 2006,「토기로 본 가야고분의 전환기적 양상」『가야와 그 전환기의 고분문화』국립창원문화재연구소.

_____, 2010,「韓半島の倭系遺物とその背景-紀元後4~6世紀前半代を中心に-」『古

文化談叢』63, 九州古文化硏究會.
정주희, 2010, 「考察-2. 土器」『東萊福泉洞古墳群-第5次發掘調査 38號墳-』福泉博物館
홍보식, 2012, 「신라·가야토기와 須惠器 편년-교차편년과 역연대-」『原三國·三國時代 歷年代論』(재)세종문화재연구원편.
심재용, 2012, 「김해 대성동분묘군 7차 발굴조사와 성과」김해대성동분묘군과 경주 쪽샘.지구 신라고분 발굴성과, 2012년 특별초청강연회 자료집.